TALVEZ VOCÊ, COMO EU...

UMA VIDA DE PROPÓSITO

Catalogação na Fonte
Elaborado por: Josefina A. S. Guedes
Bibliotecária CRB 9/870

Nunes, Nancy Alfieri
N972t Talvez você, como eu...: uma vida de propósito / Nancy Alfieri
2025 Nunes. - 1. ed. - Curitiba: Appris, 2025.
121 p. ; 21 cm.

ISBN 978-65-250-8320-9

1. Memória autobiográfica. 2. Motivação. 3. Fé. I. Título.

CDD - B869.3

Appris editorial

Editora e Livraria Appris Ltda.
Av. Manoel Ribas, 2265 - Mercês
Curitiba/PR - CEP: 80810-002
Tel. (41) 3156 - 4731
www.editoraappris.com.br

Printed in Brazil
Impresso no Brasil

Nancy Alfieri Nunes

TALVEZ VOCÊ, COMO EU...

UMA VIDA DE PROPÓSITO

artêra editorial

Curitiba, PR

2025

FICHA TÉCNICA

EDITORIAL	Augusto V. de A. Coelho Sara C. de Andrade Coelho
COMITÊ EDITORIAL	Ana El Achkar (Universo/RJ) Andréa Barbosa Gouveia (UFPR) Jacques de Lima Ferreira (UNOESC) Marília Andrade Torales Campos (UFPR) Patrícia L. Torres (PUCPR) Roberta Ecleide Kelly (NEPE) Toni Reis (UP)
CONSULTORES	Luiz Carlos Oliveira Maria Tereza R. Pahl Marli C. de Andrade
SUPERVISORA EDITORIAL	Renata C. Lopes
PRODUÇÃO EDITORIAL	Sabrina Costa
REVISÃO	Iara Albuquerque
DIAGRAMAÇÃO	Renata Miccelli
CAPA	Kananda Ferreira
REVISÃO DE PROVA	Emily Pinheiro

AGRADECIMENTOS

Ao meu Deus que me amou desde a eternidade e traçou para mim um caminho de vitórias através de Cristo Jesus e me deu seu Santo Espírito para fazer cumprir, em mim, sua vontade.

Aos meus pais, que me geraram para um propósito debaixo do céu e me deixaram um legado de fé e amor, Tamarindo Alfieri (*in memoriam*) e, especialmente, minha mãe, Luiza Maria Berbert Alfieri (*in memoriam*), que me amou até seu último suspiro, ajudando-me a construir um lar e a educar meus filhos.

Ao meu irmão Nélio Alfieri (*in memoriam*), que me amou e me deu grandes alegrias.

Ao meu amado tio, Dr. Alceu Berbert (*in memoriam*), exemplo de amor, lealdade e honestidade. Um homem como nenhum outro, que me amou como uma filha e me incentivou a tomar decisões sábias.

Ao meu amado esposo, Osvaldo Benoni da Cunha Nunes (*in memoriam*), preparado por Deus para me amar, me sustentar em amor, me incentivar, construir comigo uma família linda e cheia de amor, e estar comigo nos momentos bons e ruins. Por partilhar nossa vida e profissão juntos: nos completamos.

Aos meus filhos, Vânia Vasti Alfieri Nunes Zanuni, Davison Daniel Alfieri Nunes e Sarah Danielle Alfieri Nunes Ribeiro, frutos do nosso amor. Bênção sem par! Meus genros, Gustavo Zanuni e Celso Ribeiro Filho, e nora, Maira Santana Nunes, que se completam entre si e são minha alegria. Dou graças a Deus porque me deram netinhos de valor inestimável: Manuella Nunes Ribeiro e Davi Santana Nunes.

Aos meus mentores espirituais, minha prima amada, Dr.ª Márcia Berbert Ferreira, que plantou a semente do amor de Deus em meu coração e a regou com seu amor. E a todos que, direta ou indiretamente, contribuíram para fortalecer minha fé em Cristo Jesus.

Aqueles que caminharam comigo na minha carreira: Rita de Cássia Francisco Andrade, Sissiane Aparecida Tovo Abud, Angela Mara Pinto da Silva, Rute Nunes Bueno de Godoy, Kátia Cristina Salvi Santos, Marcelo Poletti, Bruna Maria Rodrigues Vilardi, Taisa Maria Rodrigues Vilardi, Wilson Lopes Júnior, Jesuína Muniz de Freitas, Leonardo Toledo Pizza Lopes, Flavia Noemy Kiataki Gasparini Fontão, José Assis Pedroso. Peço desculpas àqueles que não foram citados aqui.

Minha gratidão aos meus diretores: Dr. Nicácio Garcia Hernandes e Dr. Marco Polo Marchese, pelo apoio nos momentos mais difíceis da minha vida. A Maria Letícia Paschoal, secretária do nosso diretor, pelo seu carinho, amizade e cuidado comigo em todos os meus momentos de alegria e dor.

PREFÁCIO

Em meados dos anos oitenta, tive o privilégio de conhecer Nancy, quando cursava a Faculdade de Odontologia de Lins-SP, e por tê-la como minha professora nas disciplinas de Estomatologia Bucal e Histologia. Posteriormente, fui uma de suas assistentes nessas mesmas disciplinas. Foram anos de aprendizado, e ela exerceu grande influência na minha jornada profissional e, principalmente, na minha caminhada cristã.

Quando comecei a ler este livro, não consegui parar de ler, pois me senti parte dele, como uma espectadora ouvindo alguém descrevendo muito mais do que uma simples história, mas narrando sobre o que traz dentro de si: uma força capaz de mudar outras vidas! Simplesmente amei!

Acredito que você, assim como eu, sentirá em cada página o coração apaixonado da autora, compartilhando suas experiências de vida dentro e fora da Universidade, como professora, esposa, mãe, filha e amiga. E que você se identificará com cada fala de Nancy, por meio de suas emoções demonstradas diante de cada situação vivida, descritas em suas palavras e entonações, como um marinheiro velejando em direção ao alto mar, disposto a enfrentar intempéries em mar aberto, assim como todos aqueles que escolhem partir de seus portos seguros, visando alcançar seu alto chamado em Deus.

Sinto-me honrada por poder apresentar esta obra literária que nos incentiva a buscar padrões verdadeiros para nos tornarmos instrumentos que provocam mudanças reais e duradouras na vida de todos aqueles que cruzarem o nosso caminho, sendo como um sopro divino que transformará destinos.

Rita Andrade

Cirurgiã-dentista, mestre em Diagnóstico Oral
e pastora do Ministério Rita Andrade, na cidade de Lins-SP

PREFÁCIO II

A leitura torna o homem sábio, eleva sua alma e o aproxima do nosso glorioso e poderoso Deus.

Talvez você, como eu... livro da ilustre Prof.ª Nancy Alfieri Nunes.

Minha ex-aluna, hoje companheira na docência, portanto temos em comum um longo período de companheirismo e lutas a favor da Faculdade de Odontologia de Lins, de seus alunos, professores e funcionários.

O livro da Prof.ª Nancy nos remete à sua história de vida e seus familiares. Narrativa simples, direta e que nos mostra sua fé, seu esforço e sua profundidade como ser humano. A obra é também um grande apoio em autoajuda por mostrar várias histórias de superação.

Ao fazer a leitura do livro *Talvez você, como eu....*, percebemos a grande paixão da autora em colocar seus padrões de vida como ser humano, como professora e amiga da docência.

A credibilidade da obra também está na busca incessante do nosso Criador e de Jesus Cristo.

Sinto-me honrado por fazer parte desta bela obra literária, tão bem elaborada pela ilustre Prof.ª Nancy Alfieri Nunes. Com certeza, será apreciada por muitos, especialmente pela grande plêiade de seus ex-alunos.

Nicácio Garcia Hernandes

Cirurgião-dentista, professor universitário,
ex-diretor da Faculdade de Odontologia de Lins (UNIMEP) Lins-SP

PREFÁCIO III

Ler este livro me fez conhecer Nancy. Fui aluno da professora Nancy na FOL e sempre a admirei por sua inteligência, determinação, respeito aos alunos e uma humanidade única. Ensinava com a fúria de que aquele aprendizado seria um diferencial que nem sempre nós, alunos, enxergávamos.

Nunca imaginei que alguém olhasse para ela e dissesse "Não vinga. Morre daqui a alguns dias", quando nasceu muito franzina. Aprendeu cedo a lutar, a ter compromisso e atitude. Como ouvinte na escola, por sua pouca idade, foi a melhor aluna do mesmo ano! Não é para qualquer um... "se me desafiarem, vencerei", seu lema de vida. Gostava de dançar e de uma cervejada, ora, quem diria.

Uma vida de muitas perdas e desafios, sempre superados, vencidos. E sempre foi Deus, sempre. Quanta fé e entrega.

Convivi com Benoni, seu amorzinho. Professor dedicado, competente, sério e que também procurava sempre o melhor para a FOL. E mais surpresas. Quem diria, namorando duas ao mesmo tempo, mas no fim, a escolha certa, a de Deus.

Daí me vi no texto, participando de um diretório acadêmico que fez história. Qualidade de ensino, melhoria nas condições da FOL para alunos, professores e funcionários, investimento em pesquisa. Naturalmente, nosso grupo de alunos precisava de apoio e experiência para atingir seus objetivos. Alguns professores também entraram nesta luta, poderia até chamar de briga, e a mais importante neste momento foi a professora Nancy. Apoio intelectual, espiritual e muito incentivo para que tudo acontecesse. E vieram jornadas científicas de alto nível, jornadas acadêmicas, investimento em estrutura, biblioteca e, por fim, nossa revista, publicada em 1988.

Pensei no quanto fui feliz e com que intensidade vivi cada momento. Muitos passam pela nossa vida. Alguns marcam muito, e na minha vida, meu tempo em Lins fez toda a diferença. Fiz amigos e mantenho muitos deles. Moldou meu caráter e objetivo de vida.

Como dizia seu marido, "Deus não dá prova teórica, somente prática".

Obrigado, Nancy, por participar de forma tão intensa da minha trajetória e de muitos outros.

Oscar Barreiros de Carvalho Junior,
eterno aluno.

Cirurgião-dentista, mestre e doutor em Dentística, professor responsável pelo curso de pós-graduação em Dentística em São José do Rio Preto-SP

APRESENTAÇÃO

Talvez você, como eu...

Esteja pensando no quanto já viveu, parece ter visto tanta coisa e, no entanto, parece não ter visto nada...

Esteja se sentindo solitária ao pensar que ninguém pode se lembrar de você em seu primeiro pensamento do dia...

Esteja olhando no espelho e pensando: o tempo passou, tenho marcas, mas estou viva...

Esteja ciente de que cada um dos seus queridos tem sua própria vida, e você a sua...

Esteja buscando memórias de alegrias e, de repente, com elas vêm algumas de tristeza...

Esteja resgatando como iniciou sua vida profissional (ela ainda existe?)...

Esteja olhando para si mesma e reconhecendo como cresceu com os anos (apesar de continuar baixinha!)...

Esteja observando-se e reconhecendo que sua pele ou seu corpo não são mais os mesmos, mas ainda assim se ama...

Esteja pensando no quanto foi feliz e não via isso com tanta intensidade quanto agora...

Esteja ponderando quantos passaram por sua vida, te marcaram e foram embora...

Esteja olhando ao redor e vendo os amigos, de ontem e de hoje: quantos já se foram e nunca mais voltarão...

Esteja curtindo um sorvete ou uma sobremesa, sem culpa (nem sempre!)...

Esteja lembrando que correr já não é sua praia: tem que andar leve e mais devagar. Exercícios? Cuidado!

Você, como eu, pode ter tido uma trajetória profissional, dirigida e orientada por Deus. A minha foi na Faculdade de Odontologia de Lins, e a sua?

Talvez você, como eu, se sinta assim!

SUMÁRIO

ELA, SOMENTE

VIRANDO A PÁGINA, MUDANDO O TOM

ELA, SOMENTE

ONDE TUDO COMEÇOU

A cidade é pequena, situada no interior de São Paulo, e, no século passado, por volta de 1955, no dia de Todos os Santos, nasceu uma menina tão pequena que alguns diziam: "Não vinga. Morre daqui a alguns dias". Outros retrucavam: "Mas cabe em uma caixa de sapatos!" E, de repente, alguém perguntou: "Ela já tem nome? Tem que se chamar Santina!"

— Cruzes — a mãe exclama! — De jeito nenhum, que nome estranho. Já tenho um nome que sempre quis: Nancy.

— Mas, nasceu no dia de Todos os Santos!

— Não, não quero — (principalmente porque quem sugeriu era muito feia e isso tornava o nome sugerido pior ainda!).

Onde mesmo isso aconteceu? Ah, na chácara, junto à última rua da cidade. Chácara? Sim, mas, como tudo era pequeno, em cinco quadras estava no centro da cidade. Ali mesmo, com direito a parteira e tudo.

Os dois extremos: o irmão mais velho, com cinco anos, e a mais nova, recém-nascida. Entre eles, uma menina, um menino e um aborto espontâneo. Mas os dois permaneceram, apesar das más línguas. Os dias passaram, e nada aconteceu à menina. Ela foi crescendo, "minhonzinha", mas foi! Era o xodozinho da vovó e do papai.

Um dia, deu um susto na vovó: enquanto rastelava um quintal, ui, acertou a menina que estava atrás e não viu. Só tomou ciência quando chorou. Agora, só resta acariciar, dar um beijinho e logo passa. Bem assim. Do papai! Todos os dias, ao ouvir seu rádio, ela fazia isso no colo dele.

Teve alguns contratempos: caiu sobre um caco de vidro aos quatro anos e expôs o osso do dedo mindinho (com a ajuda de um empurrão do irmão). Pontos e mais pontos. Susto, mas passou.

Passava seus dias com uma amiga querida, fazendo o quê? Brincando de casinha, pois sua mãe lhe fizera, no quintal, um esboço de uma casa: tinha uma porta de geladeira (que simulava sua geladeira!), caminhas feitas com madeira para as bonecas, uma mesinha na cozinha com cadeirinhas de madeira para as bonecas poderem se alimentar. Algo mais? Sim! Um fogão a lenha de barro, miniatura, mas que funcionava muito bem. Algo mais? Sim, um forninho de pão feito de barro que servia para assar pães de verdade. Tudo pequeno, mas funcionava. Perfeito para a menina e suas amiguinhas passarem o dia.

Incentivo? Sim. Alguns achavam sua mãe muito confiante, pois lhe ensinava a cozinhar, amassar e assar o pão. Tinha responsabilidade com as bonecas. Isso sim! A mãe estava a ensinar o que era compromisso, responsabilidade e atitudes de respeito e organização. Percebia? Não, mas isso foi sendo gerado e sedimentado.

UM FATO INUSITADO

Tinha quatro anos. Sim. Um dia, a menina foi com seu pai a um lugar que ele costumava frequentar: um centro religioso ao qual pertencia, em um dia da semana. Ela não lembra se era terça ou quarta-feira, mas o fato é que foi um dia especial.

Tinha uma mesa retangular ao centro, com diversas cadeiras, todas ocupadas. E ela? O pai a colocara em uma cadeira a uma distância de aproximadamente um metro, e ela estava lá, com sua eterna boneca, sentadinha, mas muito atenta, observando tudo e sem entender nada, afinal, era pequena demais!

De repente, um homem, em uma cadeira, se contorcia e dizia coisas estranhas, em meio a uns gritos esquisitos. Assustada, agarrou mais firmemente sua boneca: precisava protegê-la, ainda que não soubesse do quê. Que cena! Não, não ia se esquecer dela (depois de adulta, depois de idosa, sempre se lembraria disso). O homem se levantou e, ora, a cadeira ficou grudada em seu "sentante"! Como é isso? Ainda que depois perguntasse ao pai, não recebeu uma resposta convincente, somente que aquilo era normal naquele lugar. Enquanto observava o acontecimento, a menina tomou uma decisão que nunca disse a ninguém, mas o Senhor ouviu: Não quero isso para mim. Não gostei disso.

A vida continua.

VIVENCIANDO A DOR

Seis anos. Sim, bem jovem. No meio de março (pois as férias eram mais longas), a menina queria ir para a escola de qualquer jeito. O pai então procurou a diretora de uma escola estadual da cidade e pediu que a menina pudesse assistir às aulas da Dona Rosa, professora do primeiro ano. Como ouvinte, pois não tinha idade para ser matriculada (naquela época, só com sete anos: não havia pré-escola, creche ou escolinha!). Conseguiu. Lá, a menina ficava no cantinho da sala e acompanhava, como podia, os outros alunos matriculados. Aprendeu a escrever sozinha, copiando a lousa, lia devagar, mas também aprendeu a ler observando os outros, afinal, era ouvinte. Termo engraçado, mas era assim mesmo! Fazia tarefas com muita alegria. Caladinha. Nunca falava nada.

Dia vinte de março! Que delícia, aniversário do papai! Vai ter bolinho! A mãe cozinhava maravilhosamente bem, e seu bolo e pão eram espetaculares. Comemorado.

Dia seguinte, a menina chega da escola e recebe uma notícia muito estranha: seu pai, que era funcionário público de um posto de saúde, desmaiou na rua. Foi socorrido e encaminhado para a cidade vizinha para uma cirurgia de emergência: úlcera duodenal perfurada.

Foi um atropelo e os filhos, onde vão ficar? O irmão, seis anos mais velho, optou pela casa de uma prima, na mesma cidade. A menina, se sentindo perdida em meio à situação, o acompanhou. Mas essa prima tinha dois filhos homens. Que dificuldade para a menina! Foi ficando triste e lhe perguntaram onde gostaria de estar. Isso! Na casa de sua amiguinha, vizinha da chácara onde moravam. Ia todos os dias para a escola, sempre perguntando como estava o pai, pois não o vira mais. Diziam-lhe que sua mãe falava que estava bem. Acreditava nas pessoas, acreditava que era assim mesmo.

Seis dias depois (vinte e sete de março), saindo da escola e indo para a casa da amiguinha, depara-se com uma movimentação grande em sua casa. Lança a mochila no sofá emprestado da amiga e entra como um furacão na sala de visitas, pensando: meu pai voltou!

Que susto, que cena! Nunca mais esqueceria isso. Deparou-se com um caixão na sala de visitas. Com o coração acelerado, procurava por sua mãe, que estava no seu quarto, vestida com roupa branca (a mãe não gostava de roupa preta e decidiu fazer luto com roupa branca), sentada em um canto, inconsolável. Quando a menina a viu e foi abraçá-la, a única coisa que pôde dizer foi: Por que mentiu para mim? (Ela não sabia que eram as pessoas que lhe falavam que seu pai estava bem). Saiu dali e foi, sozinha, para o fundo da chácara em que moravam, embaixo de um grande abacateiro, para gerenciar sua dor.

Não, ela não vai ao cemitério. A mãe assim determinou. Já chegava a dor do caixão na sala.

Os dias se seguiram e a mãe lutava contra a dor da perda, a ausência, o silêncio e as interrogações. Hoje sei o que ela podia estar sentindo: solidão, insegurança, com um filho de onze anos e uma menina de seis anos. Desafios tão grandes quanto sua dor. Como cuidar de uma chácara sozinha? Como seus filhos estudarão? O que será de nós se ela não trabalhar fora?

Dor, medo e busca. Joelhos no chão, lágrimas e lágrimas. As crianças não podiam ver sua fraqueza: tinha que se mostrar mais forte do que era. Tinha que haver uma saída, uma resposta de Deus. E o filho? Manifestou um quadro de convulsões um mês antes da partida do pai. Como faria com ele? Como tratá-lo? Precisava de respostas rápidas. Precisava.

Era junho e a diretora da escola chamou sua mãe. Assustada, lá foi ela. Será que a Nancy está dando trabalho? Só me faltava essa! Surpresa viu a diretora chamar a professora. Quando chegou, contou-

-lhe que percebeu que a menina estava lendo e escrevendo e pediu para ver seu caderno de tarefas. Levou um susto, pois estava se saindo melhor que muitos alunos da turma e se sentiu constrangida por não lhe dar atenção nenhuma. Solicitou então, à diretora, que matriculasse a menina e que assim poderia acompanhá-la regularmente. Feito. Matriculada. No final do ano, a menina recebeu uma caixa de lápis de cores (trinta e seis cores. Uau!!) como prêmio de melhor aluna da turma. Começou sua vida escolar e avidez por leitura.

Julho, início de agosto. E a resposta, meu Deus?

SEGUNDO ANO E UM SOBE E DESCE

O segundo ano foi diferente. Mudança de escola, amiguinhos novos. Pão e banana eram o lanche de todos os dias.

A professora era bem diferente da primeira. Não era delicada e amorosa; pelo contrário, era grosseira e, (os tempos eram bem outros!), dava reguadas em quem não conseguia acompanhar as aulas (A menina nunca levou uma reguada, mas assistiu a muitas e tinha muito medo!). Passou.

Ah, mas a menina tinha uma vaquinha. Seu nome? Estrelinha, pois tinha uma estrela bem no meio da testa. Mas, o que tem a vaquinha? Fornecia o leite para a família. A menina, passeando pelas ruas e lojas da cidade, entra em uma livraria (quase tem de tudo) e se depara com uma boneca embalada. Leu seu nome: Tagarela. Apaixonou-se por ela. Foi recíproco.

— Mãe — disse a menina — quero aquela boneca.

A mãe olhou o preço: Cr$25,00 (seria esse o dinheiro da época?).

— Caro, filha. Não temos como comprá-la.

Chegando em sua casa, a menina não tirava a boneca de sua cabeça. Tão somente pensava: ela tem que ser minha! A mãe pensou em um jeito de agradar a filha e propôs: se vender a Estrelinha, posso comprar sua Tagarela. Não acredito! A tão sonhada boneca! Proposta aceita. Estrelinha foi vendida por Cr$60,00. A menina, que já sabia fazer contas, olhou para a mãe e fez uma cobrança:

— Mãe, você está me devendo dinheiro! A Estrelinha valia mais que a Tagarela!

A mãe, precisando do restante do dinheiro, foi muito esperta e retrucou:

— Você aceitou a proposta. Ponto final.

Ensinava a menina a ter palavra! Doeu na hora, mas ela logo se conformou e esqueceu, afinal, puxava e puxava a cordinha e conversava com sua Tagarela.

Terceiro ano em andamento. Oito anos faria. Um dia à tarde, chegou em sua casa vindo da escola e encontrou-a vazia. Correu para a casa da amiguinha, onde lhe contaram o que acontecera. Sua mãe fora tirar um bezerrinho de uma valeta, pois ali tinha caído, e foi chifrada por uma vaca e pisoteada por ela (Mas, de onde saiu essa vaca e o bezerro? A mãe, para obter algum ganho, cedia o pasto para algumas vacas de um vizinho. Afinal, era um troco!). Ela estava muito ferida e sangrando abundantemente quando a encontraram. Levaram-na ao médico, que não teve um bom prognóstico para ela. Foi levada para a cidade vizinha e hospitalizada lá. "E meus filhos? E se eu morrer? Já vou cuidar disso", pensava ela. Nélio ficaria com Alceu e Nancy com Margarida, seus irmãos mais novos. "Pronto, já dei meus filhos. Se morrer, não ficarão desamparados", pensava ela. Uma irmã viúva, do Paraná, Deolinda, veio cuidar da mãe da menina, pois conseguiu sobreviver com quatro costelas quebradas, pino na clavícula e um ferimento de cerca de 15 centímetros de profundidade no bumbum. Horrível de se ver, mas que foi sarando, sarando, deixando somente uma grande cicatriz... Lembrança desse momento de dor.

Quarto ano chegou. Foi um período difícil, pois o quinto ano era chamado de admissão e servia como ponte para a sexta série. A admissão era bastante exigente. Novamente, a mãe da menina foi chamada. A professora da quarta série era carinhosa e gostava da aluna, que se destacava na turma. Apesar de não ter a mesma idade dos colegas, ela avançava bem, conforme a professora comentou à mãe. A sugestão foi que ela fizesse o quarto ano e a admissão juntos, o que seria uma boa estratégia, economizando tempo e potencialmente facilitando seu progresso.

Foi uma conversa de adulto entre mãe e filha.

— Você quer fazer isso? — perguntou-lhe a mãe.

— Sim, quero — respondeu a menina.

— Então, vamos examinar os prós e contras, e você tem dois dias para decidir. Você não terá mais as tardes livres para brincar, pois a admissão será à tarde, e terá que estudar à noite, todos os dias. Restarão apenas sábado e domingo para brincar com suas amiguinhas. Se escolher sim, vá até o fim: não aceito que desista sem terminar e também não vai reclamar em momento algum.

Nove anos. A menina tinha nove anos. Parecia uma decisão difícil para tão pouca idade! Mas era assim mesmo que sua mãe decidira.

Dois dias depois, a decisão: decidiu fazer as duas coisas. A mãe então voltou a dizer-lhe as responsabilidades e o compromisso assumido:

— Nada de reclamar ou desistir.

— Feito.

Junho. Nossa, que canseira. Essas férias parecem não chegar nunca. Ela conseguia, mas sentiu que o "fardo era maior que o burro". Esboçou um pequeno arrependimento, e a mãe logo lhe disse:

— Você escolheu, vá até o fim.

Ela pensava em quando iria entrar na faculdade, que seria mais cedo que os demais. Sua mãe, no entanto, pensava: "será que ela conseguirá fazer uma faculdade? Como vou conseguir pagar uma faculdade para meus filhos?".

OUTRO RECOMEÇO

Certo dia, um amigo do pai da menina, farmacêutico local, bate à porta e faz um convite à sua mãe:

— Quer ser a diretora da Santa Casa de Getulina? Estamos inaugurando esse hospital e precisamos de alguém com formação em enfermagem.

A mãe lembrou-se, buscando na memória, seu curso técnico e breve de enfermagem no Colégio Metodista de Ribeirão Preto, feito antes de casar-se. Temeu muito a responsabilidade que o cargo lhe daria, mas o que fazer? Precisava de um ganho para sustentar seus filhos e dar-lhes um futuro. Dois dias e a resposta foi sim. Teriam um apartamento no hospital, comida e um salário. Resposta de Deus, com certeza!

Desafio assumido.

E a menina? Era responsável por pegar os bebês recém-nascidos e levá-los para o berçário. Amava fazer isso. Às vezes, enquanto esperava a chegada do bebê, dava uma espiada na sala de parto. Começou a se interessar por isso.

Necrotério? Não, não gostava disso não. Deixa quieto. O irmão se divertia com ele.

Hospital. Santa Casa. Muitos momentos vividos lá. Um menino picado por uma cobra. Quadro horrível de convulsões. Partos e mais partos. Algumas coisas assustadoras! Tinha sim doenças incuráveis, outras curáveis. Um homem com larvas no nariz, porque uma varejeira assentou e depositou seus ovos enquanto ele dormia bêbado (alto preço!) e ficou sequelado e mutilado: sem nariz. Era feio. Muito feio de ver. Mortes de pessoas idosas. Outros jovens. Crianças. Isso doía muito. A menina armazenava tudo em seu HD.

As brigas entre os irmãos são frequentes. Geralmente, há uma bronca, pois não podem fazer isso aqui. O lugar de silêncio é o hospital, mas, de vez em quando, o barulho volta a acontecer.

MUDANÇA DE CIDADE?

Onze anos tinha a menina quando sua mãe recebeu a visita de um velho amigo de sua mocidade, com uma nova proposta: mudar de cidade para outra vizinha e ser diretora do Internato Feminino do Instituto Americano de Lins. Promessas? Estudar seus filhos, proporcionar a eles a oportunidade de fazer uma faculdade, garantir um salário, residência e alimentação. Contudo, havia um porém: seu filho teria que ficar no Internato Masculino, separado dela e da menina. A decisão foi difícil e muito dolorosa, pois o filho não aceitava a separação. O coração da mãe sangrava. Ela contra-argumentou:

— Você vai fazer o colegial e terá a oportunidade de cursar odontologia.

Mas ela respondeu que não tinha como pagar por isso. Houve muita conversa para convencer, pois a decisão já tinha sido tomada. Era isso ou os filhos não teriam outra oportunidade. Seria uma resposta de Deus? Com certeza, sim.

Pronto, chegaram. Se ajustaram como podiam. O menino revoltou-se e começou a dar muito trabalho. Além das convulsões e de todo o tratamento, agora separado da mãe e da irmã. Era demais para ele. Adolescente, com dezesseis anos. Brigava com todos. Tornou-se agressivo e ciumento. Achava-se rejeitado. Que tudo lhe era difícil. Que para a menina as coisas eram mais fáceis. Mas ela era meiga. Sentia-se responsável por proteger a mãe. Cursinho disso e daquilo: maquiagem, corte e costura, decoração de vitrines, manicure, tricô, crochê. O que passava por sua cabeça? Se não conseguir fazer uma faculdade, consigo fazer outras coisas. Era ávida por leitura.

No internato convivia com meninas muito ricas (aquele tempo muitas mato-grossenses vinham estudar lá), com boas roupas. A menina observava tudo e se sentia um patinho feio. Suas amigas tinham muito dinheiro. Ela não. Aprendeu a costurar para fazer suas próprias roupas, quando precisava de algo novo. Calça Lee. Comum para as outras. Ela não. Mas se destacava na escola: tinha rápido raciocínio, aprendia com facilidade, aprendeu a jogar voleibol. Amava isso, mas era pequena demais- só lhe restava ser levantadora. Mas fazia isso com grande prazer e alegria.

Aos quatorze anos, tomou algumas decisões: perdoar a quem lhe fizesse mal (seria por conta de sua decisão aos quatro anos? Ou algo em seu interior apontava para esse caminho?) e que, como não se sentia bonita, buscaria cultura. Lia, lia muito. Não importava se os livros eram grossos ou não: devorava-os. Um após o outro. Mais um, e outro.

Colegial. Sim, era hora. De manhã, fazia o colegial e, à noite, um curso técnico profissionalizante de prótese dentária. Não queria muito, mas sua mãe queria que tivesse uma formação técnica. Vai que ela faltasse? Tinha como sobreviver!

Ela pensava em fazer Medicina (influência dos partos assistidos pela fresta da porta? Talvez). Chegou mesmo a pensar em prestar vestibular na federal em Curitiba. Sua mãe disse não. Temia pela menina. Parecia frágil, pequena e lá fazia muito frio. Argumentação. A menina não sabia que sua mãe pensava e era real, que não teria condições de mantê-la tão longe. Simplesmente não dava. Então, ela já fez Prótese, agora faz Odontologia. Tudo estava traçado. A menina aceitou.

Ainda, quando moravam em Getulina, ela tinha feito um curso de pintura com lápis de cor (lembra que ganhou uma caixa no primeiro ano?). Apaixonou-se. Começou a pintar guardanapos também. Opa. Conseguiu pintar em tecidos! No colegial, fazia trabalhos para alunas do curso de Filosofia e Pedagogia em papel vegetal. Ganhava uns trocados.

Terceiro colegial. Último ano de Prótese. Correria intensa. O curso de Odontologia era muito concorrido naquela época na Faculdade de Odontologia de Lins. Era necessário se preparar. Havia 1.200 candidatos para 80 vagas. Era preciso passar, não podia desapontar sua mãe. Cursinho? Somente o intensivo. Durante as aulas, não era possível. Mas, e o custo? A menina pegou vários trabalhos em papel vegetal. Trabalhava com prótese até altas horas da madrugada, juntando um dinheirinho para o cursinho. Conseguiu. Sua melhor amiga também iria prestar o vestibular. Ótimo. Ela ficou em quarto lugar no vestibular. A mãe da menina ficou muito orgulhosa disso. Trote.

Seu irmão? Ele havia se formado em Odontologia e começava a trabalhar nos confins do Paraná.

VIVENDO UM NOVO MOMENTO

Sim, um novo momento começava. Um novo período de vida. Novos desafios. Agora, era necessário trabalhar para pagar o material do curso. As mensalidades não eram pagas, pois dependiam do trabalho de sua mãe.

Ah, como fazia diferença! Ela era "a bolsista". Mas tinha grande apreço pelo que fazia. Destacava-se. Continuava trabalhando com prótese até as madrugadas.

Primeiro ano. Era alegre, muito alegre. Todos ao seu redor podiam desfrutar dessa alegria. Gostava de uma cervejada e as festinhas eram para dançar. Amava dançar. Tinha um amigo que era parceiro de dança. Ingênua, sem malícia. Tudo era muito diferente. Havia respeito aos mais velhos, entre amigos.

Em casa. O que acontecia com a menina em casa? Chorava muito. Muitas horas. Sua mãe se desesperava. Por quê? A menina se sentia infeliz, solitária. Algo acontecia em seu interior que não sabia explicar. Ninguém sabia, somente três amigas da faculdade, que moravam no IAL também. Procuravam consolar. Nada. Difícil. Lembrava da morte do pai. Seu irmão continuava agressivo. Sentia o peso sobre sua mãe de estar fazendo faculdade. Questionava se ela não poderia estar ganhando melhor se estivesse em outro emprego. Era bem sacrificante para ela.

Material. Segue ganhando uma parte do tio precioso, irmão de sua mãe, professor na Faculdade de Odontologia de Bauru, Dr. Alceu Berbert. Era o pai que não tinha tido. Era amoroso, presente, incentivador. O restante, lutando para comprar e conquistar, trabalhando para adquirir o necessário.

Final do primeiro ano. Um exame? Por que isso? Ah, já entendeu! O professor, muito antes de terminar o semestre, já lhe dera um veredito: vai ficar de dependência! Mas, por quê? perguntou ao seu monitor. A resposta? Óbvia: eu não gosto dela. Mas ele não a conhecia, não sabia como poderia a menina responder a isso. Pois ela preferiu acreditar em si mesma e declarar que isso não era para ela. Desafio aceito. Estudou muito, deu um show no dia da "segunda época". Venceu de modo incontestável. Estava nascendo dentro dela uma sede de vitória diante das adversidades.

Nossa, era novembro já! Uma visita ao seu amado tio e família: todos com hepatite, menos a tia. O tio e cinco primos! "Não, não pego isso", pensava a menina! Engano. Contraiu a doença. Resultado? Férias inteiras de repouso. O irmão fugiu para o Paraná. Os amigos escafederam-se. Lá ficou a menina. Mas uma amiga especial esteve com ela o tempo todo. Muito especial: jamais será esquecida. Quem mais? Uma senhora que limpava a casa e sua preciosa mãe! Quadro completo!

Mas a menina, em novembro, aliás vinte e cinco de novembro, teve uma experiência que a marcou. Convidada pela mãe para ir a um Culto de Ações de Graças, topou. Vai nada, a mãe pensava. Nunca vai. Mas a menina foi com sua mãe. Uma mesa enorme com frutas, legumes, alimentos de todos os tipos. Embaixo da mesa, grandes cestas com roupas que seriam distribuídas aos necessitados. Lindo de ver. A menina ouve o que se dizia. Algo especial prendia sua atenção. Uma senhora falava sobre Jesus e o que Ele queria de cada um de nós e fez uma pergunta: "o que você tem para dar a Ele?" A menina pensou logo: "só se for meus sapatos, porque a roupa não posso tirar". Estranho. Isso foi parar direto na boca daquela senhora que fizera a pergunta! Opa. O que é isso? E continuou... se você quer dar algo ao Senhor, Ele quer de ti o teu coração. Flechada certeira e única. A menina se sentiu a última pessoa naquele lugar, miserável mesmo. Materialista. Mesquinha. Inútil. Abriu num choro inconsolável. A senhora pergunta:

— Você quer entregar seu coração ao Senhor Jesus? Venha à frente.

Não pensou duas vezes: levantou-se e foi ao altar aos prantos. Pronto. Entregou sua vida a Jesus! A mãe chorava de ver isso. A menina chorava, pois algo acontecia dentro dela que não sabia explicar. Os dias seguidos foram passando e uma coisa muito impressionante aconteceu. Cadê a depressão? Tchau! Ela foi-se quando disse sim a Cristo Jesus.

Mas a menina conhecera, no seu primeiro ano de faculdade, um professor de informática nordestino. Decidiu namorá-lo. É mesmo? Sim, afinal, tinha uma boca perfeita! Mas tudo isso nesse tempo? Sim! Segundo semestre, final de ano, por que não? Mas e a tal hepatite? Bem lembrado! Recebeu o fora pelo telefone: eu fora, que hepatite o quê! Pensou ele. Muitas emoções. Muitas mesmo.

E DAÍ, O QUE MUDOU?

Segundo ano de faculdade. Mudanças bem radicais foram perceptíveis. A boca, imunda e cheia de palavrões, foi-se. A minissaia (põe minissaia nisso!) perdeu seu lugar, e o vestido ficou um pouco mais comprido (sem exagero nenhum). A depressão, não mais, assim como o choro (agora, só quando ficava com raiva!). As festas e cervejada já não a atraíam mais, por que será? Começou a ter uma preocupação diferente com seus colegas. Começou a orar por eles. Tinha sempre uma palavra de esperança, acudia quando choravam. Diferente. Mas ainda gostava muito de piscina e de tomar sol. Como gostava. Embora, desde os 8 anos, tivesse algo que às vezes a incomodava: tinha queda de pressão e desmaiava. Mesmo? Sim. Desmaiava com facilidade: deixava de comer, puff, desmaiava. Tomava muito sol, desmaiava. Mas nada grave. Uma vez só, caiu em um buraco que abriram na calçada para plantar uma árvore, e a menina não é que caiu dentro dele, desmaiada? O sol fizera isso. A amiga gritou para um amigo (provisão divina) que passava de carro.

— Olha o resgate! — era rápido e passou logo!

No final desse ano um encontro de família. Sim, afinal era Natal. Onde? No Ialzinho; era férias, tinha muito espaço e foi liberado para receber os familiares da diretora. Boa pedida. Tios do Paraná, Bauru, Uberlândia estavam reunidos em uma grande roda. Véspera de Natal. A oportunidade foi dada para que cada um compartilhasse o que de bom Deus fizera consigo e também as dificuldades enfrentadas (a menina guardou isso até hoje e também faz isso a cada Natal). E vai. Falam e falam. Chegou a vez da menina. Contou que começou o ano com hepatite, mas que tinha uma depressão e tinha sido curada. Não entendia ainda bem o que acontecera, mas contou de seu encontro com Cristo. Muitos não perceberam, mas uma prima especial de Uberlândia sentiu algo mais profundo e um grito dentro dela mostrava que sua prima precisava conhecer mais ao Senhor. Hoje, Dr.ª Márcia Berbert Albino, pediatra. Ela mesmo. Viu na prima a possibilidade de uma serva de Deus nascer. Isso, isso. Já sei. Convidou-a para passar as férias com ela (afinal era muito querida pela irmã mais nova de sua mãe, a Margarida). Roda nos pés. Foi. Um mês aprendendo a administrar a fé, crescer no conhecimento e andar com Deus. A menina é, para sempre, grata a essa prima. Mais que primas, irmãs e amigas do coração.

Os colegas achavam diferença. Claro que achavam. Agora, a alegria era realmente genuína: de dentro para fora. Não mais aparente.

Mas a menina tinha um trauma. Lembra do dedo cortado aos quatro anos com um caco de vidro? Pois é. Isso gerou nela um pavor de cirurgias. Ela não queria passar por essa clínica de jeito nenhum. Precisava orar bastante antes de cada consulta. Não conseguiu? Claro que conseguiu! Como? Através da oração. Ela orava, clamava, e Deus a ajudava. Superou isso.

Quarto ano. Formatura. Tudo lindo. Quem entra e dança a valsa com a menina? O tio querido, claro. Formoso (ele era muito bonito, além de fantástico e amoroso!).

O álbum! Que susto e tristeza ao ver seu álbum. Poucas fotos dela com sua mãe. A menina ficou entristecida por isso durante anos. Ela deveria ser honrada naquele momento. Por causa dela, a menina venceu. Ela que lutou, amou e incentivou a menina. Uma grande dor ficou no coração da menina. Parecia um débito impagável (e era).

E AGORA, O QUE FAZER?

Meados de janeiro. Formada e onde trabalhar? As clínicas populares estavam surgindo (hoje há muitas). Mas a menina que cresceu pensava que precisava trabalhar muito e recompensar sua mãe. Isso era como um martelo em sua mente. Mas, pensou ela: "e se eu conseguir fazer uma especialização?" Conversou com uma amiga e ambas partiram para Bauru, Faculdade de Odontologia da Universidade de São Paulo (afinal, o tio sempre lhe falara que poderia ter entrado lá!). Fazer o quê? Odontopediatria (graças a Deus, não! Misericórdia, criança gritando e esperneando! Deus me livrou!).

O tio entra em cena.

— Filha, por que você não se inscreve no mestrado? Do que você gosta? — sem hesitar, respondi:

— Patologia.

— Pois bem, inscreva-se no mestrado em Diagnóstico Oral.

Boa, não imaginava como seria difícil e o que realmente era tudo aquilo. Pouquíssimos tinham mestrado. Era um sonho. Bem, e tudo que a menina disse a vida inteira era que seria tudo, menos professora! Ledo engano. Caminho traçado por um Deus tremendo que sabe todas as coisas (ela não sabia!). Inscrição feita, ela e a amiga.

Primeira dificuldade: precisava de uma carta de apresentação de uma faculdade para se inscrever. Joelho no chão. A Faculdade de Odontologia de Lins concedeu. Segunda coisa: não quer endodontia (área do tio dela!)? Perguntaram-lhe, como que a dizer, que seria mais fácil: o tio era da Endodontia. Não, queria mesmo patologia. Tudo bem. São 15 vagas, 3 preenchidas com candidatos do exterior. Concorra (e morra) nas 12 restantes.

Mas a menina tinha experiências com Deus. Sabia e confiava nele, e ele lhe dissera que “mil cairiam ao seu lado e dez mil a sua direita, mas ela não seria abalada”. Que promessa! Confiou plenamente, apesar do tio, uma semana lhe dizer que podia entrar e na outra não. Um verdadeiro balanço. Mas ela confiava e esperava.

Dia da entrevista em inglês (mas por que ela levara exatamente sua amiga, que era sua professora de inglês? Para perder a vaga?). Parecia um paredão. O entrevistador? O professor mais temido da Patologia. Ela era a décima segunda a ser entrevistada. Estava absolutamente quieta. Orava o tempo todo. Esperava o agir de Deus e repetia, continuamente, a palavra que dele recebera. Não sabia o que ia fazer, mas algo aconteceria. Quase 13h. Todos com fome. Os entrevistados já tinham ido embora, só ficaram os destinados ao matadouro. A menina era a próxima vítima. Silêncio absoluto. Aguardavam em fila. O professor temido põe a cara para fora e grita: todos os demais estão aprovados. Cansei. Podem ir embora. Ufa, que suspiro! Era o agir do Pai. Deus movera as águas a favor da menina e da sua amiga, pois ela era a décima terceira!

Início das aulas: março de 1977. Pronta? Vamos para Bauru. Vai morar na casa do tio (não tinha como pensar em uma pensão ou algo assim. Nada de dinheiro. Só fé.). Aprovada.

COMEÇANDO O CURSO

Logo de cara, encontra-se com a Histologia, Anatomia e Patologia. Mas e daí? Nunca estivera diante de um microscópio (tinha noções de histologia, de longe). O desafio foi aceito. Aprendeu a lidar com ele. Ficou maravilhada ao ver os tecidos e células: que perfeição de Deus em criar isso. Era impressionante. Apaixonante. Foi para Anatomia. Quanto à Patologia (que tinha tido uma experiência muito pobre, daí sua escolha de aprofundar-se nessa área), ela se enroscou. Piorou porque o orientador dela era da Patologia. Provas e mais provas. O que é isso? Para que tanta prova assim? O dia era pequeno para tanta coisa. As madrugadas eram divididas entre estudos com sua prima, a mais velha dos primos, que entrara no curso de Odontologia, lá mesmo. As coisas não eram fáceis para a menina, pois ela queria viver os ensinamentos de Jesus. Houve barreiras? Muitas. Perseguições? Também. Palavras rudes, de descrédito, eram comuns. A menina chorava pelas madrugadas e orava, orava muito. Pedindo que todos da família do tio amado conhecessem ao Senhor. Clamava por entendimento e sabedoria de tudo quanto necessitava.

Segunda prova de Patologia. A nota não foi boa (realmente teve dificuldade), cinco e meio. O orientador, patologista, chamou-a e disse-lhe, com todas as letras, que era melhor desistir do curso, pois não conseguiria romper. A menina, já esfolada pelos desafios, firme em quem acredita, levantou-se e apontou seu dedo para o patologista experiente e disse:

— O senhor não me conhece nem ao Deus a quem eu sirvo. Me aguarde.

Saiu. O professor não teve tempo de retrucar (Veja o que lhe disse ao final do curso: teve nele um pai).

Próxima prova de Patologia: oito e meio. Daí para frente, não mais teria dificuldade. A menina pagou o preço do desafio e venceu. Começou a pensar: Se me desafiarem, venço. Isso passou a ser lema em sua vida. Muitos achavam que era arrogância. Tolos! Era confiança em Deus e não nela mesma!

Mas e ir para casa? Uma hora de viagem e não tinha dinheiro nenhum para ver a mãe a cada quinze dias. Um colega lhe dava carona, às vezes. Corria feito louco (não havia limites de velocidade). Ela nem falava, só pedia a Deus para chegar viva. Se perdesse a carona do tio e prima para ir à faculdade, tinha que ir a pé. Não tinha dinheiro para o coletivo (e era bem baratinho naquele tempo, mas nem isso).

Um dia, vindo da faculdade, após a aula, perdeu a carona do tio. Veio a pé, perto da hora do almoço, meio-dia e meia. Colocou um pé abaixo da guia da calçada e... foi atropelada. Caiu no meio da rua. O motorista? Foi embora, nem mesmo parou para socorrer. Poderia ter morrido se fosse um pouco mais cedo, mas naquela hora conseguiu levantar-se, respirou fundo e continuou caminhando. Quando chegou na casa do tio e parou, sentiu muita dor. A menina tinha dores nos braços, pernas e quadril. Só trocou de roupa, tomou banho e um analgésico. Respirou fundo novamente, contou para a prima e ninguém mais soube. Amargou dias com dores.

DUAS COISAS

A prima, Christiane, observava a menina, percebendo a mão de Deus sobre ela. Ela analisava a situação. Elas conversavam bastante durante a madrugada, no banheiro. Foi ali que a prima conheceu a Cristo e iniciou uma nova vida. Contudo, tudo se complicou bastante para a menina. Sua tia não aceitava essa mudança. Procurou dissuadir a filha e entrou em conflito com a sobrinha. Foram anos assim. Quanto ao tio, ele era um cavalheiro exemplar e também um pai para ela. Guardava sua dor no coração e não conhecia as dores dela. Ocultava seus sentimentos dele. Muitas vezes, ele, de forma carinhosa, acordava de madrugada ao ver a luz acesa no quarto. Entrava e dizia amorosamente:

— Filha, já é tarde, vá dormir.

Sou eternamente grata a esse tio. A prima tinha muita sede, sede do Deus vivo!

A menina venceu o desafio do professor, da patologia, mas pensou muitas vezes em desistir do curso. Não tinha computadores, tablets ou celulares. Tinha uma enorme biblioteca, muito papel, xerox e despesas. O que a mãe lhe dava não permitia nem fazer as cópias dos infinitos artigos que surgiam de dia e de noite. Quando pensava em desistir, lembrava-se da promessa de Deus e clamava por uma provisão.

Mas... uma ideia! Uma oportunidade. Sim, hora de pedir bolsa de mestrado: CNPq, Capes, Fapesp (fundações que forneciam bolsas de estudo para capacitação em pós-graduação), o que lhe traria um aporte financeiro para se sustentar ali. O tio sugere a Fapesp (Fundação de Amparo à Pesquisa do Estado de São Paulo). Difícil. Tem que ter um projeto “redondo” e interessante para a tese de mestrado. Precisava ser bem escrito e fundamentado. O orientador definiu o tema “Lesões orais na hanseníase borderline”. Boa. Projeto feito. Encaminhado. Aprovado de primeira. Começa em agosto. A menina respira fundo e agradece a resposta. Pensa em sua mãe. O que ela gostaria? Já sei, uma televisão nova. Pronto, primeiro presente para agradecer e agradar.

Mas e agora? A parte prática a ser feita no Hospital Lauro de Souza Lima. O tempo livre era passado lá. Grandes desafios. Por quê? O orientador deu-lhe o tema, mas queria que conhecesse primeiramente hanseníase. Horas e horas lendo acerca do assunto. Um dia, o orientador diz: menina, você vai assistir às reuniões anatomopatológicas do hospital. Ótimo, ela pensou. Oportunidade de discussão dos casos entre os médicos e residentes, de aprender mais rápido. Ouve o primeiro caso e fica em silêncio, absorvendo o assunto e pensando: Cruzes, tenho muito que aprender. Cortando como uma fina lâmina afiada seus pensamentos, o orientador, ao seu lado, lhe pergunta: o que acha disso? Achava nada. Queria mesmo era correr dali. Seu pensamento até doía de pensar que tinha que opinar em algo. Misericórdia, precisava de mais horas de estudo e agora (só faltava essa!), tinha que conhecer o histopatológico de cada situação. Não tem jeito. Estava no forno e sendo aquecida: ou assava ou queimava!

Era muito estranho e complicado. Passava a sexta à tarde e todo o sábado naquele hospital. E para ir? A menina ia de “busão”. Parava na estrada e andava alguns quilômetros até o portão do hospital. Junto à estrada, uma vilinha de hansenianos. Duas vezes teve que correr (e olha que sempre gostou de salto alto!) de hansenianos que iam atrás dela. Coração saltando e canseira. Ufa, chegou na porta do hospital.

Houve um dia de grande aperto. Para voltar, de novo, ônibus. Deu com a mão, o ônibus parou na estrada. Quando entrou, só tinha o motorista e o cobrador. Sem jeito e achando esquisito, cumprimentou e disse onde desceria. Mas o cobrador veio com graça. A menina, assustada, se defendia e saía fora, dando umas respostas atravessadas. Entraram em Bauru. Conhece esse bairro? (Nem pensar! Entraram pela cidade por um lugar diferente). Ela ficou firme e, na primeira parada, pediu para descer. Desceu e caminhava, olhando para os lados, para ver se identificava onde estava. Nada. Nunca tinha visto um lugar mais gordo. De repente, quem aparece do seu lado? O cobrador de novo. Ah, não. Isso não. Olhou do lado e procurou uma loja, um lugar para entrar. Entrou (se perguntar o que era a loja, não lembra até hoje). O cara foi embora, desconcertado. Ela ficou ali, com o coração a mil. Esperou um pouco e, então, se pôs a andar, procurando um caminho, uma direção, rumo a sua casa. Procurava outro ônibus e, graças a Deus, encontrou. Chega. Ufa. Salva pelo gongo.

AGORA SIM!

Primeira bolsa recebida. Nossa, era um dinheiro que nunca tinha tido. Bom, vou comprar a televisão para minha mãe, pensou, e vou ver um carrinho (Fusca) para ir ao hospital, assim que acabar de pagar sua carta de motorista. Ficou assustada com os fatos ocorridos com aquele ônibus. Não contou nada para o tio. Só a prima sabia.

Seu irmão já tinha saído do Paraná há alguns anos e estava em Marília. Conversou com ele e pediu-lhe para verificar a possibilidade de comprar um fusquinha usado. O irmão rapidamente procurou algo.

Era sábado. Foi de ônibus a Marília para encontrar seu irmão e ver a novidade: um fusca azul que atraiu seu coração. O acordo? Experimentar durante o final de semana e decidir ou não pela compra. Mas a menina tinha recém tirado a carteira de motorista. Nunca tinha dirigido em estrada. Perigo à vista. Horário? Já estava escurecendo.

— Vou embora, porque vou — ela dizia.

O irmão, preocupado, resolveu acompanhá-la com seu carro até um pedaço:

— Depois você vai.

Certo, combinadíssimo. E vai, estrada à vista. Segura de si, mas tensa, afinal estava ficando escuro. Em uma curva (ainda bem que tinha um barranco!) o irmão buzina e lhe dá tchau. A menina vai retribuir e gira o volante. Pufff. Bateu no barranco. Que susto! E agora? Tem que ir embora de qualquer jeito! O irmão para junto ao carro batido (nem tinha comprado!!!) e ela vai logo dizendo: Desentorta isso (porque amassou o paralama e travou a roda) que vou embora. Pronto. Outro carro para. Polícia. Ah, não! Isso não. Um policial desce, se informa:

sem vítimas. Ajuda a puxar o paralama e a menina diz que vai assim mesmo. Ah, o policial queria uma carona. Perdeu a oportunidade? Claro que não. O irmão se tranquilizou um pouco e achou bem-vinda a carona. Pronto. Indo embora. A menina, com o coração acelerado com tantas emoções, aperta o pé. Nem se lembra que ao seu lado tinha um policial. Conversa vai e conversa vem (a menina gostava de conhecer pessoas, se interessava pelas suas vidas) e o policial diz onde quer ficar. Posto fiscal, próximo de Lins. Ótimo. Deixou-o e partiu para sua casa, louca para contar a novidade à sua mãe.

Abriu a porta da casa, viu a mãe e foi logo lhe contando:

— Mãe, comprei um carro e já bati — a mãe engoliu seco e não conseguiu dizer uma palavra. Uma amiga que também a esperava levantou-se do sofá e foi logo pedindo explicação. Tudo esclarecido. Na segunda-feira, o irmão disse ao vendedor que a menina ficara com o carro e que o levaria para arrumar. Essa ela não esperava. Nem ele. Nem sua mãe e, muito menos, o vendedor do carro.

Tudo certo, tudo arrumado. O carro foi entregue em Lins. Ótimo. Agora volto de carro para Bauru. Tudo lindo. Primeira viagem com o novo carro! Que alegria da menina! Que salto! Isso sim é bênção, pensava ela. Num posto policial, no caminho, um policial pede carona. Ela dá. Sem malícia nenhuma. Nem parou para pensar. Segunda, terceira e assim diversas viagens. Chegando de uma delas em Bauru, falou, espontaneamente, ao tio que dera carona a um policial e que fazia isso sempre. Nossa, que bronca!

— Nunca mais faça isso, filha. Sozinha e sem conhecer as pessoas. Me prometa que não dará carona de novo — com os olhos bem grandes e assustados, balançou a cabeça, assentindo. Nunca mais deu carona.

Três meses ou quatro com o carro, e lá vai ela de volta da sua cidade para Bauru. Sozinha, claro. Mas que estranho. Está saindo um fumaceiro atrás, e os carros passam por ela buzinando, mostrando algo. Ela vai firme. Olha, não entende nada e continua. Chegando em Bauru, conta para o tio o fato. Ele diz, de imediato:

— Cadê o carro? — ela aponta para a frente da casa, onde ele estava parado.

O tio vai ver, liga e exclama:

— Está fundindo o motor!

— Como assim? Acabei de comprar! Não pode ser! — ela retruca.

Pois é. Duas semanas sem o carro. O irmão que se vire para ver se o ex-dono arruma esse motor. Que é isso! E era amigo do irmão! Imagina se fosse inimigo! Deu jeito. Arrumou. Pronto. Comece de novo.

E QUANTO AOS PACIENTES ATENDIDOS?

Está aí uma boa pergunta. Boa experiencia.

Antes de tudo, a neurose. A menina ficava assustada com qualquer possibilidade de uma mancha clara na pele ou um mau jeito no dedo mínimo. Tudo apontava para um certo receio de ser contaminada pelo *Mycobacterium leprae*. Faz a prova imunológica. Bom resultado. Calma. Nada a ver. Mas tinha sempre alguém para assustar. Não, o contágio é inoculatório, precisa de tempo de convivência. Não é bem assim. Não é aquela lepra da época bíblica que mutilava e caía pedaços. Pacientes em tratamento. Entendido os tipos de hanseníase (aliás, faz pouco que deixou de ser lepra para ser hanseníase, para perder o estigma). Calma. Mas tinha que surgir essa alergia a esmalte bem agora? Pois é, é somente alergia. Calma.

Forma borderline em surto. Essa era a condição necessária. Necessitava do quê? Que eles entrassem em surto, uai. Demorava? Depende. Era preciso realizar o exame clínico em cada paciente, com uma anamnese bem feita para determinar exatamente quando ocorreria um surto. Tratados com dapsona. Dias esperando alguém entrar em surto. Mas ela aprendeu a conviver com os médicos, os residentes, o dentista que atendia lá, enfermeiros e pacientes. Como foi marcada pelos próprios pacientes! Eram carentes de um sorriso, de um toque em seu ombro ou braço. Gostavam de ser atendidos por ela: era carinhosa e afetiva. Lhes fazia bem. Fez da técnica de histopatologia sua amiga, para a vida. Recebeu carinho de muitos e gostava de estar lá. Era um refúgio passar tantas horas naquele hospital. Já tinha feito os créditos e agora estava dedicada ao trabalho. Seis a sete horas por dia. Mas era bom para ela.

Certo dia, ela quis ver uma necropsia. Conversou várias vezes com seu orientador, o patologista, que agora era seu amigo e uma figura paternal para ela. Apesar das conversas, não conseguiu convencer o profissional. Ele encerrou a conversa dizendo que aquilo não era adequado para mocinhas. Ela achou tudo bem, sentindo-se ainda muito jovem.

O DIA D

Era julho de 1979. Tempo marcado para defesa da tese de mestrado (hoje dissertação!). No entanto, em abril, houve uma indicação de seu nome para um cargo de docente na Escola Federal de Odontologia de Alfenas. Como assim? O tio veio com essa proposta. Mesmo? Em que área? Prótese. O quê? Estou acabando de fazer Diagnóstico e me oferecem Prótese? O tio retrucava:

— Começa na Prótese e depois muda para a Semiologia — (a Estomatologia antes era chamada de Semiologia).

Longe. Pensa em um lugar distante e frio. Gelado. Fim do mundo. Havia outra proposta? Sim, havia. A Universidade de Marília estava prestes a ser inaugurada, e havia uma proposta para Radiologia e Semiologia lá. Mas para quando? Preciso trabalhar. Assim pensava a menina.

Abril, claro, antes de julho. Sua mãe, companheira maravilhosa e cuidadosa, decidiu ir junto para conhecer a tal cidade e o diretor, que era amigo do tio dela. Horas de viagem. Puxa, que longe. Levava galão de gasolina no carro, porque não havia posto para abastecer. Vá engolir gasolina. Não tem jeito, tem que encher o tanque. Chegamos.

O primeiro encontro com o diretor da EFOA (Escola Federal de Odontologia de Alfenas) foi inusitado. Ele era professor da disciplina de Prótese e estava afastado por conta do cargo.

— Muito prazer — foi logo a menina dizendo.

O professor colocou as mãos na boca e exclamou, sem se conter:

— Não acredito que o Alceu me mandou uma menina! — ela tinha vinte e um anos. Realmente uma menina, mas, para ela, já tinha vivido muitas coisas.

Ficou muito preocupado, inclusive onde iria colocar a garota, ainda por cima sobrinha do Alceu! Fez um telefonema. Uma professora do curso de Enfermagem deu o retorno. Ele respirou fundo, passou a mão na cabeça (careca) e disse:

— Achei onde você vai ficar.

Era uma república de duas professoras de enfermagem. Nossa, perfeito, pensou a menina. A mãe dela, assustada com a distância, pensava em como seria vir ver a filha e como seria a filha ir ver sua mãe. A menina era maluquinha e, com certeza, não hesitaria em ir sozinha. Pensativa, buscava soluções para isso. Tudo certo. Voltará em agosto para o início do semestre, após a defesa da tese.

Vinte de Julho. Dia da defesa. O tio, que a ajudara tanto, tinha uma viagem internacional para dar curso e não estaria presente. Que pena. A família, sua mãe, irmão e cunhada, estavam lá. Alguns amigos. Só. Discreto. Bem-preparada, ela estava. Sabia o que tinha feito e como tinha feito. Foi fácil e, até certo ponto, desapontador. Queria briga: não veio. Aprovada com louvor e distinção.

Mas e o orientador? Tornou-se um amigo especial, cuidadoso e muito preocupado com ela. Lembra que sempre lhe dizia: coma chocolate quando for viajar, para ter energia! Isso ficou em seu coração. Outra coisa que lhe disse e também a marcou: olhando-a bem nos olhos, lhe disse que a admirava e que gostaria muito que sua filha fosse assim também. Mais que um elogio, foi um ato de amor paternal.

Agora, iniciar uma nova etapa. A menina se tornara profissional, e o que disse que jamais faria passou a ser sua paixão. Agradeceu a Deus pela oportunidade. Fez uma oração e um voto ao Senhor: estava ali para dar aulas, mas também para expressar o amor de Deus. A cada término de aulas (primeiro, o dever cumprido), daria uma palavra de amor de Deus e de suas experiências com Deus aos seus alunos.

ENTRANDO EM SALA DE AULA

Sete horas da manhã. Não acredito nisso. Por que tão cedo? E com esse frio? Ninguém merece.

Era muito difícil ser pontual. Tinha que usar um jaleco para dar aulas. Esqueceu o dela. Bom, pegou emprestado o do diretor, que não estava sendo utilizado. Ótimo. Ficou na dúvida: ele era bem mais alto. Ela se importou? Não. Estava segura de si (não era sua área, mas estudou e sabia o que estava falando: juravam que tinha feito o mestrado em Prótese! Que ilusão!). Saiu-se bem. Elogiaram-na. Ficou feliz. Deu a palavra? Com certeza.

Cresceu ali. Fez amigos (e inimigos, sempre há). Deu provas difíceis: duas vezes murcharam seus pneus. Faz parte.

Alguém do departamento estava vendendo um carro com 8.000 km, um Chevette branco. A menina ficou encantada. Queria aquele carro. Decidiu comprar. Fez a proposta e foi aceita. Mas e o carro azul? Precisava vender também. Sim, mas agora ele tinha o acelerador enroscado. Às vezes fazia um barulhão, mas ela já tinha aprendido a consertar isso: parava o carro e desenroscava, de forma tranquila, o acelerador. Continuava dirigindo. Todos olhavam e achavam aquilo estranho. Ela nem se importava. Mas precisava vender. Opa, um comprador. Ótimo. Vendido.

Primeira visita à sua casa com o Chevette. Chuva torrencial na estrada. Onde liga isso? Precisa descobrir. Descobriu. Adiante. Agora já tinha aprendido a parar em uma cidade e comprar um frango assado para continuar a viagem. Fazia isso com sua mãe, quando ela vinha com ela. Só paravam ali em Guaxupé. Iam comendo no caminho. Para sua mãe, ir com ela era obrigatório, pois a estrada era deserta. Para voltar, a mãe fazia um percurso difícil. Descia na entrada de Bauru, atravessava um pontilhão para pegar um ônibus para Lins. Não se importava. Não queria a filha sozinha na estrada e, se não fosse, certamente viria sozinha. Continuava maluquinha sua menina.

A menina se sentia bem sozinha lá na tal Alfenas. Seus alunos, bem mais velhos que ela. Decidiu que ia namorar um aluno. Tentou, mas não deu certo. Não combinavam em nada. Afinal, ela era sua professora. Tudo bem. Namorou outro aluno. Este conhecia mecânica de carros (pelo menos isso!). Quando chegou da primeira viagem com o Chevette, com sua mãe, desceu e foi logo dizendo que o carro estava com um barulho estranho. Quando ele ligou e examinou, ficou branco (e olha que era moreno claro!). Tinha soltado um dos parafusos ou alguma coisa assim do eixo dianteiro. Ele ficou assustado, ela não. Nem imaginava ao certo o que seria isso.

Ah, as amigas de Alfenas, as enfermeiras. Que maravilha. Uma delas foi gravada no coração e jamais será esquecida. Grandes momentos viveu lá. Mas e o concurso? Como assim? Sim, teria um concurso público para efetivar o professor substituto de Prótese. É mesmo? Sim, você vai fazer e tem outro candidato. Pois bem. E a banca? Professores da Faculdade de Odontologia de Bauru. Tudo bem. Prestou e foi aprovada. Pronto: Professora assistente em Prótese.

MUDANDO A ROTA

Não sabe dizer o dia nem a hora. Foi uma notícia inesperada. Fazia um ano que estava em Alfenas. Tinha prestado um concurso interno na disciplina de Prótese. Foi aprovada. Era docente concursada na disciplina, afinal. O telefonema de seu irmão trouxe preocupação. Sua mãe sofrera um ataque sério de *angina pectoris*. Ela precisava voltar. Sua mãe era sua pérola preciosa.

Lembrou-se então da proposta da UNIMAR – Universidade de Marília. Pensou: vou tentar. E conseguiu. Precisavam de docentes titulados para o reconhecimento do curso. Era tudo o que ela precisava. Uma mão lava a outra e, opa, o salário oferecido era muito bom. Três vezes maior do que ganhava tão longe. Um dia por semana. Perfeito.

Com pesar, mas também com sentimento libertador, veio embora para uma nova estação. Um novo recomeço. Estaria em sua área de formação, perto de sua casa. Pronta para começar.

Houve uma intersecção. Como assim? Sim. Iniciou sua carreira na UNIMAR. Uma vez por semana. O que fazer em outros dias? Esqueceu que estava fazendo o doutorado? Verdade. Quando terminou, com sua turma, os créditos do mestrado, pediram ao diretor da Faculdade de Bauru, naquela época, que permitisse que fizessem os créditos de doutorado. Não é que ele permitiu? Não, isso não pode, argumentava seu tio na época. Mas, com Deus, tudo é possível, a menina dizia. Pois bem, tinha todos os créditos prontos. Ingressaram na turma seguinte do doutorado.

Agora era hora da tese de doutorado. O orientador era o mesmo, com uma diferença muito grande: ele tornara-se um conferencista internacional e viajava muito para o exterior. Sua linha de pesquisa, Hanseníase ainda. Deu um tema geral dentro da hanseníase. Sentiu certa insegurança. Parecia vago e era. Agora as coisas estavam mais difíceis, pois tinha que viajar para estar no hospital. Não deslanchava. Parecia algo truncado. Novo tema. Ela fazendo revisão da literatura. Também estava vago. Aonde mesmo quer chegar? Ela não sabia e ele nunca estava lá para responder-lhe.

Algo inusitado aconteceu com ela. Um dia, chegando em sua casa, um jovem gaúcho estava com seu irmão tomando um café com sua mãe, chegados do Rio Grande do Sul. No Ialzinho ainda. Moravam lá. A mãe, querida e acolhedora, logo convidou para um lanchinho e foi assim que se conheceram. O irmão, um advogado influente na Igreja Metodista, ficou incomodado com o fato de ela dar aulas em Marília e não na Faculdade de Odontologia de Lins. Seu irmão, dentista recém-formado, vinha fazer um curso de especialização por aqui e iria dar aulas na faculdade. Como o irmão, recém-formado, iria dar aulas e ela, com mestrado e doutorado em andamento, ia dar aulas fora?

Não sei com quem ele falou ou como interferiu, mas alguns dias depois ela recebeu uma proposta para dar aulas aqui também (afinal, eram pouquíssimos os docentes aqui que tinham titulação, iam perder essa oportunidade?). Feito. Agora, sim, ficou ainda mais difícil para ela: aulas aqui, em Marília, e doutorado em Bauru. E, além disso, não é que os dois foram se entendendo! Acharam até de montar um consultório juntos. E o tempo foi passando.

Três anos se passaram desde a contagem dos créditos do doutorado. Nada da tese. Não saiu do lugar. Pensou em desistir. Chegou a falar com seu tio. Ainda não tinha definido o que ia fazer, não tinha bolsa, o orientador sempre fora. Três pessoas não a deixaram desistir: o gaúcho, que agora era seu namorado (essa história rendeu!), sua mãe e seu tio. O tio dela pulou na frente. Tinha um cimento que ele desenvolvera e precisava testar *in vitro*, na sequência, para aprovação científica do produto. Perfeito.

— Você faz isso — disse a ela.

— Não posso ser seu orientador oficial, mas vou estar na retaguarda. Você topa?

Claro que ela topou. Trabalhou muito, a menina, viajou bastante também. Não tirou férias por três anos.

É verdade que tiveram, ela e o tio, longas brigas, porque o que era rotina para ele no laboratório, para ela era um bicho de sete cabeças. Tocava amarrar os dentes, fazer cavidades (isso sim, afinal era dentista!), usava esmalte para diferenciar os grupos. Tudo bem, até a primeira centrifugação. Dentes para todo lado. Sabe aquele berreiro? Os dois (ainda bem que era 7 horas da noite e todos tinham ido embora!). Até que ela gritou:

— Eu não sei fazer isso como você. Me ensine.

Caiu a ficha dele. Ensinou as manhas. Vencida essa etapa. O homem (o tio maravilhoso) era louco por estatística: fazia tudo na unha (maluco geral). Não tinha programas ou softwares. Seis testes diferentes. Loucura. Ela debruçava-se sobre isso, estudava e buscava entender. Longos dias, longas madrugadas, mas valeu a pena.

Nesse interim, o namorado, o gaúcho, tornou-se o seu amor e ela, para ele. Literalmente, ele bateu à sua porta quando se conheceram. Primeiro, amigos, depois namorados, noivos, marido e mulher.

Dezembro de 1982.

— Osvaldo Benoni da Cunha Nunes aceita Nancy Alfieri como sua legítima esposa, até que a morte os separe?

— Sim, aceito.

— Nancy Alfieri aceita Osvaldo Benoni da Cunha Nunes como seu legítimo esposo, até que a morte os separe?

— Sim, aceito.

Parece-lhe que foi ontem. Ou anteontem. Mas e agora? Já estão separados pela morte.

Durante a realização da parte experimental, a escrita e defesa da tese, o marido fazia algo extraordinário. Ela estava exausta, pois ainda precisavam montar um consultório e trabalhavam juntos (a semana era curta para tanta coisa!). Assim era a vida dela: segunda, terça e quarta em Lins (faculdade e consultório); quinta-feira em Marília; sexta e sábado em Bauru. O que o marido fazia? Preocupado com o cansaço físico da esposa, ia de carro com ela na sexta-feira, voltava de ônibus. Ia sábado de ônibus e voltava com ela de carro no sábado. Ah, que marido era esse? (Inveja pura!)

PREPARATIVOS PARA O CASAMENTO

Primeiro, eles se conheceram como amigos. Era uma rotina de comer pizza, ir ao cinema, tomar sorvete... Simples assim. Longas conversas. Opa, descobrindo afinidades.

Namorar, sim. Mas tinha uma namorada no Rio Grande do Sul. Como assim, duas? Sim. A menina aceitou? Em princípio, sim. A conversa era que ia terminar, mas ela, por ora, queria sair e ter companhia.

Seis meses de namoro. Ah, começou a gostar. Pé no freio. Deus tem que entrar nesse negócio. Se ele estiver mesmo, vai confirmar um sinal que a menina pediu. Como assim? Sim, um sinal da aprovação de Deus ou não. Se não, cairia fora. Tinha aprendido a depender de Deus. E não é que Deus disse sim?

Quase dois anos de namoro. Hora de noivar. Sinal de novo. Positivo. Poucos amigos, uma benção pastoral e família. Pronto. Alianças na mão direita. Sete meses depois, programado o casamento. Era aquela correria para ela. Tudo seria simples, mas queriam suas famílias presentes. Data escolhida: 31 de dezembro de 1982. Perfeito, daria para todos virem. E vai indo o semestre. Aulas em Lins e Marília. Tentaram comprar uma casa por leilão, mas não deu certo. Mas ela vai de novo com o sinal. Não falou nada, mas pediu outra confirmação: é ou não é. Dessa vez, foi ousada. Orou e pediu que, se estivessem certos um para o outro, que, trinta dias antes do casamento, tivessem uma casa comprada. Tinham dinheiro? Não. A festa de casamento (sem buffet, sem cerimonialista, sem glamour) era por conta deles. Viagem de lua de mel ou casa? Perguntou ele a ela. Casa, sem titubear, ela respondeu. Ah, agora fez sentido pedir como sinal a casa! Mas ele não sabia. Só ela e Deus.

Pergunta aqui e acolá, um funcionário da Caixa dá a dica:

— Tem uma funcionária aqui que se separou e vai mudar de cidade. Está vendendo uma casa. Querem ver?

— Sim — (já haviam visto diversas).

Lá foram os dois. Casa antiga, em um bairro longe do centro (hoje já está perto). Os pais da senhora os receberam. De cara, amaram a casa. Foi paixão à primeira vista. Preço? Entrada de CR$ 2.500,00 e assumir as prestações por oito anos. Se entreolharam e pediram para conversar um momento. O que faremos? Se perguntavam. Um disse: vamos ser absolutamente honestos e transparentes. Retorno. Bem, gostamos muito da casa e gostaríamos de ficar com ela. Sorriso no casal de idosos. Eles também gostaram deles e acreditavam que iam cuidar bem da casa. Ótimo, ponto a favor. Mas e a tal da entrada? Com cara de pau, confessaram que não tinham o dinheiro da entrada e que teriam que ganhá-lo para pagar a entrada em oito vezes! Brincadeira. Mas é a verdade. Tudo bem, os donos afirmaram. É de vocês. Inacreditável: Deus no negócio. Não era possível isso. Saíram rindo à toa. Opa. Alguém chegando? Boa tarde. No dia seguinte, souberam eles que quem chegara anunciou que daria a entrada à vista. Deus no negócio. Responderam que já tinham vendido e iam manter sua palavra. Fala a verdade! Só Deus nessa causa. Casa comprada. Quantos dias antes do casamento? Negócio fechado em 30 de novembro.

OUTRO DIA DE GLÓRIA

Dia 13 de janeiro de 1984. Vamos na véspera. Com certeza. Dia da defesa da tese de doutorado. Acordaram e quando viram o carro estacionado levaram um susto: tinham arrombado o carro. Respiraram e entenderam que vinha glória. Colocaram o carro em uma oficina (tinha uma bem em frente, ficou fácil) e partiram para a Faculdade.

Todos presentes. Dessa vez tinha mais gente para assisti-la. A banca espremeu a menina. O tio sentado na plateia torcia por ela. O marido, a mãe, o irmão, a cunhada, amigos também. Ainda bem que seu tio a treinara bem. Dominava a estatística. Sabia sair pela tangente porque conhecia Histologia (afinal, dava aulas disso também!). Aprendeu muito com tudo aquilo. Se saiu muito bem, bem mesmo. Foram cinco horas bem vividas. Acredita ela que por isso o carro sofreu o dano (conhece o reino espiritual?). Mas teve mais surpresa para ela (e para ele!). Aliás foi um ano de grandes surpresas, boas e ruins para eles. Novidade: gravidez. Primeiro filho. Alegria total, porque ambos, servindo a Deus, haviam orado quando se casaram pedindo três filhos: uma menina, um menino e uma menina. Era possível? Claro que era! Havia concordância nisso em oração. Gravidez maravilhosa. Ultrassom (ruim naquela época. Põe ruim nisso!). Positivo: menina. Certo. Nome escolhido: por sonho e pela Palavra de Deus. Nome duplo. Vânia (sonho do pai) e Vasti (a rainha linda- pela Palavra à mãe). Certinho. Tudo bem. Preparativos e preparativos. Ela, que gostava de costurar (lembra que aprendeu para costurar suas roupas?) customizou o protetor de berço, preparou tudo com muito carinho. Chegando o dia! Estavam tendo uma experiência muito grande na intimidade com Deus. Tinham um grupo de oração. Buscavam a Deus todos os dias com pessoas maravilhosas e aprendiam de Deus. Tinham fome da presença do Senhor.

13 de novembro de 1984. Ela fica inquieta. Algo a incomoda em seu espírito. Ouve o Espírito Santo lhe pedir para confirmar o nome da menina. Como tinha pedido um nome bíblico, foi para a Palavra. Davi. Como assim? Ela ficou confusa. Se inquietou mais ainda. Foi ao marido e lhe pediu que confirmasse o nome bíblico. Não falou nada. Silêncio total. Só a inquietação que crescia dentro dela. O Senhor deu-lhe: Davi. Ambos se entreolharam e não ousavam perguntar nada um ao outro.

14 de novembro de 1984. Dia de médico. Início de dilatação. Tudo preparado para o parto normal (ela morria de medo de cesariana. Dizia que não era porco, para abrir e fechar. Mal sabia ela...). Exercícios respiratórios, ok. Físicos também. Fique alerta, disse o médico a ela.

16 de novembro de 1984. Nenhuma dor, nenhuma contração. Nenê encaixado. Amigas vem para orar. Ela comenta que o nenê está quietinho, mas que está fazendo muito xixi. As amigas se entreolham e nada dizem. Sentiram algo estranho ao comentário. Hora de dormir. Vamos orar, afinal o médico disse a eles que, se não evoluísse a dilatação deveriam retornar no sábado, dia 17 no consultório. Ajoelham-se, cada um de seu lado na cama. Ela começa a orar e, de repente, se levanta, e começas a reprender um espírito de morte sobre o nenê. Teria ela visto alguma coisa? Deus lhe mostrara algo. Ele não teve coragem de perguntar. Assustou-se muito. Ela não comentou nada. Silencio de ambos. Não dormiram aquela noite. Quem conseguia? O dia não amanhecia. A noite tinha mais horas? Não se falaram, mas também não dormiram.

Amanheceu. Levantaram bem cedo, tomaram café em silêncio. A mãe dela ligou dizendo que faria um churrasco no almoço para esperá-los. Cada um foi fazer alguma coisa, sem concentração nenhuma (nem imagino o que fizeram, acho que nem eles). Eram dez e meia e ela não aguentou mais: Vamos ao médico. Mais cedo mesmo. Ele nem respondeu. Aguardava essa voz de comando. Foram.

O médico, amigo de muitos anos, os recebeu surpreso, pois queriam entrar logo para serem atendidos. Havia um peso no ar. Quando ele foi examiná-la, ficou branco como cera: não conseguia auscultar o coração da criança. Ficou nervoso. Ela perguntou-lhe se poderia ouvir o coraçãozinho em qualquer posição que colocasse o esfigmomanômetro. Ele, apavorado, disse que sim. Disse-lhes que fossem de imediato para o ultrassom, que ele estaria indo para lá também. Ela levantou-se e disse ao médico: Não. Primeiro, nós vamos orar em seu banheiro e, então, iremos. Os dois entraram naquele banheiro. Estavam gelados, assustados e temerosos. Ergueram as mãos e oraram aos céus. Clamaram por um milagre, entregaram seu precioso bebê nas mãos do Altíssimo e confiaram. Ela se vestiu. Saíram. No caminho, ele permanecia em silêncio, apavorado. Ela puxou do porta-luvas uma Bíblia, abriu e leu um texto de quando Jesus foi apresentado diante do Pai. Discerniu na hora: a visão do caixãozinho que teve na noite anterior era real. Seu bebê estava morto.

No ultrassom o que encontraram? Nada de líquido amniótico (ah, o xixi! Mas quando rompia a bolsa não saia um monte de uma vez?). Mais nada dava para ser visto (lembra? Ultrassom ruim para caramba). Hospital já, disse o médico. Fizeram anestesia (qual foi mesmo? Ela nem se lembra), tiraram o bebê. Acordou no quarto e o médico com o bebê nos braços (lindo, perfeito, loirinho), e lhe falou: duas voltas de cordão umbilical e uma no dedinho polegar. Deve ter sido na hora que encaixou. Asfixia. Como assim, não está roxinho! Não estava arroxeado. Estava morto. O bebê deles estava morto.

NOVA OPORTUNIDADE

— Pois, sim! Quanto tempo, doutor, não posso engravidar de novo? — perguntou ela.

— Quatro meses, em hipótese nenhuma, pode engravidar antes disso.

Mas era dia 20 de dezembro de 1984. Que dor eles sentiam! Queriam tanto o bebê e um Natal cheio de alegria! Mas não, a dor os consumia. Cada um ao lado da cama. Choravam. Choravam muito. Parecia um vazio que não seria preenchido nunca. Em um lamento de dor, oravam e choravam. Opa! Ela começou a orar em línguas (afinal, não tinha nada para dizer ao Pai!) e o Senhor abriu seus lábios e lhe disse: Filha, não passarás outro Natal desta forma. A sua filha da promessa vem! Não, era só o Senhor para consolar dessa forma! O marido ouviu e ambos pularam na presença do Senhor! Vem, nossa Vânia vem! O bebê que partiu não foi esquecido, mas uma consolação e alegria tomaram conta de ambos.

Quatro meses exatos se passaram e eles entram no consultório médico com um exame de gravidez positivo. O médico ficou pálido: não acredito que você está grávida de novo! Sim, foi a resposta: a nossa Vânia vem.

Era agosto e ela começou a ter contrações (hoje seriam chamadas de contrações de treinamento, mas naquele tempo era início de trabalho de parto). Bateu em seu coração um medo que, por mais que orasse, não conseguia conter, da hora do nascimento. Bem, já haviam combinado com o médico: trinta e oito semanas e faremos a cesariana. Mas ainda faltavam alguns meses! Hospital. Volta. Hospital de novo, volta. Três vezes. Chegou o dia marcado para o nascimento.

E veio nossa pequena Vânia! Saudável, linda, com muito cabelinho castanho escuro. Nossa alegria foi muito grande.

Quando, após a perda do primeiro bebê, seus alunos se chocaram, mas agora se alegraram tanto e os presentes... encheram o quarto. Ficaram felizes com eles!

Que adaptação! Misericórdia. Pensaram que era mais fácil, mas a alegria foi muito, muito grande. Final de novembro! Um ano se passou e este Natal foi diferente. Promessa cumprida. Deus fiel.

O PARALELO PROFISSIONAL

Desde 1979, ela se dedicou à docência. Seu amor também. Puxa vida, como gosto de fazer isso, ela pensava. Primeiro Alfenas, depois Marília e Lins. 1984. Marido sendo marido: chega de viagens. Agora ficará só em Lins.

Foram dias de glória e de guerra. Como assim? Começou com a Histologia para depois entrar com a Semiologia. O que é isso, lhe perguntavam? A pergunta lhe parecia tão absurda, mas a resposta vinha rapidamente. "Estuda os métodos de exame clínico a fim de fazer o diagnóstico, estabelecer o prognóstico e fazer o tratamento". Parecia um absurdo isso. Um sistema de triagem de pacientes? Ah, vá, para que isso? Guerra declarada. Não entendiam a sua importância nem a que vinha. Foram muitos dias de jejuns, choro e clamor diante do Pai para que lhe dessem uma oportunidade de montar sua disciplina e dar um pontapé no serviço de triagem.

Tudo na raça. Sem computadores, nem banco de dados. Muito trabalho e pouco reconhecimento. Dias de fincar o pé e se manter de pé. O apoio de seu esposo foi fundamental (entrava nas brigas com ela!).

Certa ocasião, por ciúmes, tentaram lançar um abaixo-assinado contra ela na Histologia. Não vingou. O tiro saiu pela culatra, fazendo com que ela se posicionasse ainda mais. Lembra lá atrás? Se a desafiassem, ganharia. Pois sim. A vitória não era dela, mas sim de quem a acompanhava.

Tudo parecia conspirar contra, mas, aos poucos, foi ganhando espaço. Opa! Agora preciso de aulas práticas! Que absurdo, pensaram (e disseram!). Mas ela foi, gradualmente, mostrando a importância dessa especialidade, tão desconhecida naquele tempo e tão valorizada hoje. Graças a Deus, surtou, mas surtiu efeito!

Agora tinha mais tempo para se dedicar à docência. Graças a Deus, sua mãe cuidava de seus filhos. Bendita mãe, bendita avó, bendita sogra.

Mas agora já existia uma terceira gravidez: o menino, tão sonhado, fora gerado. Nossa, como era parecido com o bebê perdido: era loirinho (não fora assim que o pedira em oração?) e lindo. Nova participação dos alunos: tudo comemorava. Nosso pequeno Davison!

Tudo caminhava com certa serenidade (mas ainda havia algumas arestas na triagem a serem aparadas, sempre havia). Mas o tempo foi ajustando as partes e trazendo certa estabilidade. Anos se passaram e, uhu! Um computador, uma assistente social e uma funcionária. Ganhando espaço e respeito.

UMA SURPRESA

Era final de ano, 1989. Uma prima grávida e uma funcionária grávida. Bem, ela já tivera três filhos. Entendia que, embora o primeiro não sobrevivesse. Tudo certo. Berço, roupas, todo o enxoval foi distribuído. Não fazia mais sentido.

Viagem marcada para o Rio Grande do Sul. Achavam mesmo que seriam de férias, mas não, foi missão. Foram vinte dias de grande glória, de muita pregação da palavra e orações. Encontraram um povo sedento e, afinal, não estavam a serviço do Rei? Por certo que sim. Grandes coisas fez o Senhor. Muitos se converteram, outros foram libertos, outros curados. Pois sim, quem fez? O Senhor dos Exércitos.

Menstruação atrasada. Será? Ela sentia um temor intenso. Tinha um bom tempo de licença por causa das outras gravidezes. O médico lhe dissera, no nascimento do Davison, que não engravidasse de novo, pois seria uma gravidez de risco. Um suspiro e um confabular do esposo e esposa: e se for gravidez? E era. Desde a infância, ela dizia que teria uma filha e se chamaria Sarah Danielle. Deus não se esqueceu disso. Mas, no quinto mês, ela teve um sangramento e ficou apavorada. Dito e feito: placenta prévia centro total (agora o ultrassom era melhor!). Gravidez de altíssimo risco para ela e a filhinha. Risco de morte para ambas, caso entrasse em trabalho de parto. Licença médica. Repouso absoluto. Mas seu marido estava terminando o mestrado. E a defesa de sua tese? Não, não mesmo, disse o médico (A Rodovia Marechal Rondon estava sendo construída. Impossível mesmo!).

Ela tinha dores nas pernas, na coluna e no abdômen. Tomava 20 comprimidos por dia para aliviar esses sintomas e utilizava medicamentos antiabortivos.

Defesa da tese: ausente. Correção da tese: ausente. Foram dias difíceis. O parto deveria ser para o final de setembro ou início de outubro.

Dia 24 de agosto. Dia sombrio e cheio de dores. O marido havia ido para Bauru entregar a correção da tese, com seu melhor amigo. Ela não queria se levantar. Sentia dores no abdômen, suas pernas estavam inchadas pela flebite, a coluna doía. Indisposta. Sua mãe, delicadamente, lhe pergunta: Filha, o que tem? Ela relata seu estado. Pede que a mãe marque um retorno no médico: sente contrações. O médico brada do outro lado do telefone: Venha agora para cá, e ela não dirige. Quem a levará? Liga para a amiga preciosa, para seu pastor. Pensa: vou chamar um táxi. Mala pronta.

Antes de sair, beija seus filhos, volta-se e olha sua área de lazer, contempla cada uma das lindas samambaias que cultivava com tanto amor. Sua mãe percebe algo e silencia.

Do médico para o hospital. Tentando conter o trabalho de parto. Celular, não, não. Ainda não existia. À medida que a medicação não fazia efeito contra as contrações, ela se apavorava (afinal, conhecia o assunto e o risco- conhecia embriologia!). Sua mãe, com seu curso de enfermagem, também estava ansiosa e preocupada. Nada, nenhuma resposta. Avançavam as contrações. O marido chegou por volta das 18h. Ela, apavorada lhe dizia para falar ao médico para fazer a cesariana.

Ele procura o médico e vai para casa orar, para se acalmar. Mas sua mente não lhe dava trégua. Fala comigo, Senhor, tem misericórdia. Sim, Deus falou. Abrindo a Palavra de Deus, o Senhor lhe mostrou Sofonias 3:17: "O Senhor teu Deus está no meio de ti, poderoso para te salvar. Ele se deleitará em ti com alegria, renovar-te-á no seu amor, regozijar-se-á em ti com júbilo". Acalmou um pouco seu coração. Voltando ao hospital, compartilhou com ela essa palavra, procurando uma certa tranquilização.

Vinte horas e quarenta e cinco minutos: ela sobe para a sala de cirurgia. Tudo pronto. Cesariana preparada. Anestesia peridural.

Dois obstetras, o anestesista e o pediatra. Todos a postos. Feita a anestesia, iniciam a cesariana. Ela escuta a Sarah chorar e mostram-na a ela. O anestesista grita: pressão subindo. Ela ainda diz: minha pressão é sempre baixa. Ele retruca: vou fazer a anestesia geral. Pronto, apagou. E agora?

Acorda amarrada, na sala de recuperação, às 2h45 da madrugada, ouvindo o obstetra, o pediatra e um amigo do banco de sangue e laboratorista conversarem. Diziam: só vamos embora quando ela acordar. Ao longe, ela ouvia duas enfermeiras conversando: nunca vi tanto sangue. Não conseguimos remover esse cheiro da sala cirúrgica. Ei, por que estou amarrada? ela grita. Os três correm até ela e explicam que era por causa da anestesia geral. Ela logo pergunta pelo marido e pela mãe. A resposta veio: o Benoni foi para casa e sua mãe te espera no quarto. Mas o médico não se conteve e soltou uma frase que a incomodou: Graças a Deus, ela está normal!

Chegando ao quarto, ela se deparou com a mãe com os olhos marejados. Estranho, ela não costuma chorar! Resto da noite, dormir. No outro dia, o que está acontecendo? Enfermeiras e médicos entram e saem, outros apenas olham para dentro do quarto, e ela ouve um comentário: essa é a mulher! Olha para sua mãe, que lhe diz que o médico vai falar com ela. Chama a enfermeira porque ela se queixa de dor na região lombar, do lado esquerdo. A mãe, cuidadosamente, a vira e se depara com uma escara de aproximadamente 12 a 15 cm. O médico entra, senta-se na cabeceira e começa um monólogo, parecendo falar somente consigo mesmo. Disse que houve uma complicação no parto e que foi necessário remover o útero. Opa, o monólogo foi interrompido: Como assim, pediu permissão ao meu marido? Retrucou ela. Ele rapidamente respondeu que não houve tempo para isso, pois era uma emergência, devido à aderência e ao rompimento da parede do útero pela placenta.

Estranho os olhares. Três dias no hospital. Muito tempo. Não conseguia entender por que seus alunos queriam vê-la. Fizeram uma organização do tempo de visitas, e ela se lembra de uma escala. O que é isso? Coisas estranhas. Sua mente parecia lenta, lerda, muito lerda. Dia de ir embora (em casa, as visitas continuaram).

Chegando em casa, percebeu que não tinha forças para segurar sua nenê para amamentar. Sua mãe precisava fazer isso. Sentia dificuldade imensa para andar. Suas pernas pareciam conter pesos. Dois dias. Foi lavar o rosto e assustou-se com sua imagem no espelho: branca como cera. Entendeu que tinha uma grave anemia. Estava usando sonda uretral e tinha dores intensas no abdômen. Tudo estava muito diferente e estranho.

Dez dias após, dia de remover os pontos. Quando entram na sala do médico, este os cumprimenta com muito carinho e começa a contar uma longa história de sobrevivência: a dele. Teve uma hemorragia após a remoção da nenê, e a remoção do útero foi imprevisível e grave. A hemorragia que sucedeu foi tão intensa que tomou, ao todo, 5 litros de sangue (ora, uma mulher tem em torno de quatro litros e meio!). Por quê? Essa era a pergunta. Por que o sangue não permanecia? Tomava-se e perdia-se. Um outro médico foi chamado para ajudá-los na situação. Todos eles, em consenso, disseram-lhe que a colocassem na UTI para dividir a culpa, pois não tinham esperança nenhuma de que ela sobrevivesse. Ele gritava:

— Não, não, essa alemãzinha (assim a chamava) não pode morrer! Ele contou-lhes como lutava com sua mente naqueles momentos: via-se pegando sua família e fugindo de Lins. Afinal, ela era bem conhecida aqui por suas atividades na Faculdade de Odontologia.

Passou, passou. Mais uma vez, o Senhor não os desapontou, mas demonstrou Sua fidelidade e amor. Sua gratidão também foi externada ao seu Pastor, pois ele segurou em suas mãos e os sustentou em oração ao longo dos dias, anteriores e subsequentes.

EXPERIÊNCIAS FAMILIARES

Por muitos anos, estive envolvida com aulas, filhos, igreja e universidade. Um turbilhão.

Os filhos crescendo, entrando na adolescência, experimentando coisas novas (nem sempre tão boas!). Um olho no peixe, outro no gato. Bem assim.

A filha mais velha indo estudar fora. Nossa! Senhor, retarda o que puder! Pensava e pedia ela em oração. Mas foi. Chorou muito, às escondidas, claro. A menina partia para descobrir facetas da vida com as quais tinha que conviver. Filhos? Não, são seus. Estão provisoriamente conosco, mas são do Senhor, pensava ela.

Mais um pouco, o filho entra na faculdade. Não quis sair de casa. Foi bem.

Mais um pouco, e a pequena também prestava vestibular, em Lins mesmo.

Mantinham, ela e o marido, um culto semanal em sua casa. Pregar a Palavra lhes era vital. E, bem, ouvem, da parte de Deus um chamado para fazerem Teologia. Afinal, queriam conhecer mais a Palavra e ao Senhor. Um ponto de decisão fundamental foi a mãe dela ter tido um AVC (acidente vascular cerebral), o que a prendeu em uma cama por um ano e oito meses. Tudo girava em torno dela: cuidado, gratidão, zelo. Muito amor envolvido por toda a família. Optaram pela Escola Internacional de Ministros. Foram, de fato, e em momento algum pensaram em ter uma igreja própria. Fizeram, sim, em obediência.

DIA DA ORDENAÇÃO

Dois pastores missionários da Igreja em Singapura, do ministério da Escola Internacional de Ministros, com sede no Brasil, em Belo Horizonte, vieram para isso. Foi uma honra recebê-los! Como foi!

Lugar escolhido a dedo, amigos especiais convidados. Tudo para que recebêssemos a ordenação de serviço ao Rei Jesus. Foi impactante e maravilhoso. Imposta as mãos e delegada a bênção, partiram para o chamado. O marido se aposentara e ela queria fazê-lo também, mas não fez. Bem, três filhos estavam na faculdade.

Deus começou a inquietá-los quanto à formação de uma igreja. O número de participantes ali era de 60 pessoas. Era necessário organizar-se e oferecer a eles mais do que cultos semanais. Resistiram e resistiram. Não queriam, de fato. Contudo, esse sentimento começou a crescer, levando-os a refletir sobre o assunto. Lentamente, começaram a buscar, em Deus, respostas: como organizar, como oficializar e regularizar essa iniciativa. Perguntas surgiram, e também as respostas.

Montaram a igreja. Regularizaram. Foi uma experiência boa, inicialmente. Mas, depois, foi desalentadora e triste: lembraram-se de uma palavra da prima querida que os discipulou na sua conversão: vocês são ingênuos e as pessoas não têm o coração que vocês têm, nem a vossa motivação. Dito e feito. Jamais poderiam imaginar como as pessoas estão com pedras e são ingratas. Deus soube disso e eles também. Doeu muito, mais do que poderiam imaginar. Uma grande lição. Não, não teriam mais uma igreja organizada fora de sua casa: a mantiveram ali mesmo. Vamos avançar assim mesmo.

O DIA E A HORA

Era um domingo e, após o culto, oravam. A mãe dela e duas mães de outras duas amigas estavam enfermas e em situação bastante delicada de saúde. Uma das amigas, que também era irmã, teve uma visão de um relógio marcando três momentos: duas horas, cinco horas e dez horas. Assim, ela entendeu exatamente a que se referia.

Dois dias depois, morreu a mãe de uma amiga. Cinco dias depois, a mãe de outra amiga. Restava o décimo dia. Entendeu perfeitamente. Preparava-se e à sua família para o momento de dor. Seria uma quinta-feira.

Na segunda-feira, ao orar, o Espírito de Deus a alertou: prepara-te, pois darás a palavra no dia da tua dor. Foi dar aulas e, na hora do almoço, encontrou sua mãe queixando-se de dor em todo o corpo. Ela apresentava edema nos membros inferiores e mãos. Quando lhe perguntou: "Mãe, o que dói?" A resposta, a última, foi: "dói tudo".

Hospital correndo. Não havia mais nenhuma reação. Pneumonia e paralisia de órgãos. Os pés gelados, que ela friccionava desesperadamente. Nada. Nada parecia funcionar. Sentia uma ponta de culpa. O médico lhe disse: Não há mais nada o que fazer, está em coma. Como assim, de um dia para o outro? Cuidara com tanto carinho e esmero! Será que se descuidou? Será, Senhor?

Ela se preocupou em falar com seu irmão e alertar os familiares mais próximos. Chamou a filha que estudava fora. Uma despedida silenciosa e dolorida. A ninguém revelou a visão. Quieta, preparava-se para enfrentar o momento.

Quarta-feira à noite. Alguém se propôs a dormir no hospital. Não, não disse ela. Sabia o que a aguardava. Estava se preparando, como podia. Essa noite não abriria mão. Ficaria com a mamãe, ela disse. Às duas horas da manhã, a mãe convulsionou. Enfermagem. Às três horas, outra convulsão. Ela entendeu que era a falência do sistema neurológico. Passou a noite vigilante enquanto corrigia um trabalho de curso que orientava. Mas fez uma oração: Senhor, não quero ver a mamãe partir. Não suportaria. Por volta das cinco horas, caiu em seu travesseiro, exausta, e dormiu, com o corpo em diagonal ao leito de sua mãe. Camas coladas. O cansaço a derrotou. Acordou às 6h com o quarto sendo inundado de enfermeiras e médico. Pulou desesperadamente. Sua mãe partira. Perdida, sentiu-se sem ação. O médico, bondoso e carinhoso, a abraçou e lhe disse: você cuidou muito bem de sua mãe. Em um ano e oito meses, sem uma escara! Ela descansou. Nada a consolava.

Organização do velório. Comunicar à família. Nunca fizera isso. Devagar, amigos foram chegando e a funerária também. Agora... restava a despedida final. Muitos, muitos alunos, professores, amigos e familiares estavam presentes. Uma palavra brotava em seus lábios, de gratidão a Deus por uma vida tão preciosa e linda. Deixara um legado. Sim, deixara. Um cântico. Sim, um cântico. Para conter um pouco a dor e a emoção. Palavra. A palavra era de um trajeto de um vencedor. Bem apropriada. Olhou para seu irmão e lhe disse, ao término: Agora é contigo. Até aqui, cuidei da mamãe. Agora você conclui. Não, não queria ver o momento final. Ninguém de sua família queria. Ninguém foi!

OS ANOS PASSARAM, E DE REPENTE UMA NOTÍCIA...

Sim, foram passando os anos, os filhos crescendo, os anseios profissionais se realizando. A filha mais velha se casando, os outros namorando.

Foi uma vivência linda o casamento da minha filha. Tudo na justa medida. O que chamou a atenção foi o pranto do irmão durante a cerimônia: era demais aquele choro convulsivo. Emoção? Provavelmente. Ela guardou isso em seu coração.

Estava tudo sendo organizado para o casamento da menor. Este, por conta dela e do noivo, cheio de glamour. Era abril de 2017.

Março. Benoni, em um mês, perdeu quinze quilos. Andava cansado, mas, com todo o envolvimento do casamento, deixou isso de lado. Ele também não reclamava de nada. Certa noite, quando foram dormir, ela o olhou, já dormindo, e teve uma sensação muito estranha. Ele parecia branco como cera, e um pensamento ruim lhe ocorreu. Marcou uma consulta para ele no dia seguinte.

Clínico geral, amigo. Quando relatou a perda de peso, a fraqueza trocou olhares com ela. Silêncio que parecia eterno. Entenderam-se no olhar. Ao examiná-lo, deparou com uma massa no abdome superior direito. Empalideceu. Nova troca de olhares. De imediato, pediu exames de ultrassom e de sangue, mas o pressságio não era bom.

Como ela estava ansiosa e temendo o resultado, marcou uma consulta com um gastroenterologista para o dia seguinte. Pediu uma tomografia computadorizada do abdômen. O resultado levaria uma semana para ficar pronto. A ansiedade relacionada ao casamento deu lugar a outra: de expectativa e dor.

Quando saiu o resultado, ela olhou, viu o laudo e estremeceu: o câncer era renal, dos dois pulmões e fígado, com múltiplos linfonodos no tronco. Gelou. Na hora, com as pernas bambas, orou: "Senhor, quanto tempo tenho com meu marido? Pai, te peço, em nome de Jesus, três coisas: Pai, que meu marido não morra em casa; que ele não sinta nenhuma dor e, Senhor, não gostaria de vê-lo desfigurado como acontece com pacientes terminais. Tem misericórdia".

Ela escondeu o exame. Não queria que ele visse. Ela leu muitos artigos científicos sobre o tipo de câncer que o marcava: tempo máximo de sobrevida de três meses. Marcou uma consulta com o oncologista. Seria dali a alguns dias. Retornou ao clínico com a tomografia, ultrassom de abdome e exames de sangue. O clínico avaliou tudo e imediatamente ligou para o oncologista, para que fosse atendido naquele momento. Que tensão. E o casamento se aproximando, faltando quatro dias! Conversaram com o oncologista. Ele perguntou: Quanto tempo tenho, doutor? Ele, sabiamente, respondeu: Vamos tratar. Não lhe respondeu. Queria operá-lo no dia seguinte, ao que ele retrucou: Não mesmo, levo minha filha ao altar no domingo. Então, vai tomar sangue até lá ou então você não para em pé. Essa foi a resposta. Tomou cinco bolsas de sangue até o domingo.

Os dois conversaram e chegaram a um consenso: nada falariam aos filhos ou a qualquer pessoa a não ser depois do retorno dos filhos da lua de mel. Silêncio. Um peso estava sobre eles, de dor na alma, de desconforto que ia além de sentimentos.

No dia do casamento, todos o olhavam e percebiam algo estranho: ele estava magro e pálido, quieto, e ela, ao redor, cuidava de cada um de seus movimentos, cercando-o de carinho e vigiando. Dançou a valsa com a filha e sentou-se, exausto. No dia seguinte, houve uma longa conversa com duas irmãs que vieram para o casamento. Choraram, e todas choraram, pois outra notícia ruim se juntou a essa. Um de seus irmãos também foi diagnosticado, por aqueles dias, com câncer de pâncreas. Faleceu depois de um mês e meio. Entregou-se à doença.

Terça-feira entrou em cirurgia. Foi tudo bem, mas ele disse a ela: Puxa, com a anestesia, se tiver que morrer nem se percebe (Preparação?). Nunca passara por nenhum procedimento cirúrgico antes. Os filhos estavam tensos. Sabiam de algo grave, mas ninguém lhes falava nem ousava perguntar. A filha, à distância, examinava os fatos e se angustiava. Não ousava perguntar.

Boa recuperação. Agora, quimioterapia. Preferiu oral, embora a literatura afirmasse que nenhum medicamento surtiria efeito e a radioterapia não estivesse indicada. Um dia de cada vez.

O DIA DA VERDADE

A filha e o genro retornaram da lua de mel. Hora de reunir a família e discorrer acerca dos fatos. Primeiro, vamos orar e trazer uma palavra. Qual? De esperança, certamente.

Foi um momento difícil, muito difícil para todos, que procuravam se conter do grito e do choro na frente do pai. Mas puderam orar e se acalmar um pouco, na presença de Deus.

Os dias foram passando. Dezoito de maio, aniversário do pai. Alguns amigos demonstraram vontade de estar com eles. Ela decidiu: não, não queremos ninguém de fora. Vamos fazer um culto de adoração a Deus, somente a família. Assim foi feito. Um dia de entrega, cânticos e adoração a Deus. Como resultado, uma paz imensa invadiu seus corações, e parecia que não tinham mais medo de nada, nem ele.

Ela parecia forte diante de seus filhos, mas desabava em seu consultório e precisava se recompor para atender aos seus pacientes. Na universidade, ao ver suas amigas, muitas vezes tinha que fugir, pois a dor surgia profundamente. Quantas vezes, ao ir embora, parava o carro e chorava, chorava e orava até sentir paz e se recompor.

Melhoras. Ele teve melhoras. Não tinha nenhuma dor. A quimioterapia não lhe era penosa. Não tinha enjoos ou diarreia. Se alimentava normalmente. Envelheceu. Sim, envelheceu muito, e suas pernas, antes musculosas, agora estavam magras, e sua força era pequena.

Decidimos viajar. Sim, vamos viver o que temos de melhor! Pensaram e acordaram entre si. Uma viagem internacional. Queríamos muito. Foram! Foram dias de muita alegria. Só lembravam do câncer na hora da medicação, aliás, eram muitos comprimidos diários!

Um ano, dois anos, o médico se surpreendia e realmente parava para analisar como aquilo era possível. Deixava transparecer! Mudança na quimioterapia: o PET Scan acusou uma evolução. Tudo bem, agora seria endovenosa. Saiu e voltou sem nenhuma intercorrência. Passou muito bem. Nova viagem. Vamos aproveitar. Queriam estar juntos o máximo que podiam. Ele se tornou sensível, manso, quebrantado. Tratamento de Deus. Carinhoso e amoroso com ela e com os filhos.

UM MOMENTO IMPORTANTE

Pandemia. Data, abertura. Máscaras. Falatório. Medo no ar. Mortes, muitas mortes. Um primo precioso. Foi-se.

Três anos! O médico se espantava cada vez que retornavam ao consultório. Uma novidade impactava nosso coração e, crendo nela, o motivava a viver: sua filha estava grávida! Sua primeira netinha! Daria tempo?

Outra notícia que impactou seus corações: seu filho marcou seu casamento! Que alegria! Uma vez, duas, três, quatro, cinco, seis vezes. Não, não era possível! Não conseguiram realizar a festa. Tudo estava quase pronto. Nada aconteceu. Mas era maio e eles se casaram: no cartório, apenas o pai e a mãe. Um almoço em família e a tão esperada bênção matrimonial do pai. Era dele mesmo que ele queria e esperava a bênção. O pai, muito, muito antes, meses antes, havia preparado uma palavra para esse momento! Bênção das alianças. De modo simples, porém não menos emocionante, seu filho casou-se.

MAS, CONTINUANDO...

No início de agosto, uma notícia chegou e os fez correr: trabalho de parto antecipado. A netinha ia nascer! Ela foi ficar com a filha por quinze dias. Ele ficaria sob os cuidados do filho e nora. Ela se inquietava, e suas noites eram longas, pensando nele e orando.

Depois de quatro dias do nascimento da Manuella, ocorreu um fato que trouxe grande tristeza e dor: o único irmão dela estava com covid há alguns dias. Ele faleceu. Ela já não tinha seus pais e agora seu único irmão partira. Auge da covid. Já havia perdido diversos primos por causa da doença. Agora, a doença chegou bem perto.

Orar era seu refúgio. Certo dia, o Senhor lhe deu um número. Ele se recusou a orar sobre isso, brigando até mesmo com o Espírito Santo. Dias se passaram, e o Espírito Santo venceu o jogo de braço: foi orar acerca do número. Fez contas e chegou a uma conclusão: cinquenta e dois dias e um terço de horas. Seu coração saltou. Sabia, se preparava, mas olhava à distância. Contudo, a distância chegou de mansinho. Não contou nada a ninguém. Guardou em seu coração.

Passados os quinze dias, ela retornou, e após mais alguns dias, o marido apresentou uma insuficiência renal grave: inchou bastante e não conseguia urinar. A nefrologista o internou. Se não urinasse, seria necessário realizar hemodiálise. Ela sabia que isso agravaria seu quadro. Joelhos no chão, clamor, choro, e Deus ouviu. Ele produziu, em três horas, sete litros de urina! Obrigada, Senhor, pelo atendimento às orações do coração.

A filha veio com a netinha! E ele passava os momentos que podia com ela. A filha fez um vídeo dele e da netinha: puro amor. Acredita ela que ele pediu a Deus para ver esse momento! Seus olhos, marejados. Saiu do hospital com um soluço intermitente. 24 horas. 48 horas. Não, ela não podia mais vê-lo assim! Tomou a iniciativa e buscou um medicamento que cessasse isso. Conseguiu. Aff.

Os pés estavam pesados. A sonolência era contínua. A fala diminuiu. O comer consistia em movimentos de talheres no prato. Parecia não ter fome (ou estava difícil engolir? Não se sabe). Nenhuma queixa. Ela procurava agradá-lo fazendo o que mais gostava. Não, não estava responsivo. Passava os dias em sua cadeira predileta.

Chegou outubro. Aquela semana parecia estar carregada, e uma nuvem parecia pairar ali. Era sábado, o segundo sábado. Diante da dificuldade de alimentação, ela propôs levá-lo ao hospital para tomar soro. "Não, não", foi sua resposta, pois ficava apavorado com o receio de ficar hospitalizado novamente. O filho e a nora intervieram: "Pai, você coopera conosco ou vamos te levar à força? Precisa tomar soro", "Eu vou", foi a resposta agora.

Ficou ali algumas horas para tomar soro. Estava apático, mas vigiando se ela retornaria de fechar as janelas, pois caía uma grande chuva. Claro que ela retornou! Cuidadosamente, levou-o para casa. Deitou-o. Passado um tempo, foi vê-lo e estava febril e com muito frio. Propôs tomar um banho, sim, lhe faria bem. Deu-lhe um analgésico, mas se inquietou sobremaneira. Lembrava-se dos números!

Meia-noite ou por volta disso, ele a chamou para levá-lo ao banheiro. Não conseguia levantá-lo, e ele parecia não ajudar. Nossa, parecia-lhe que pesava toneladas! Chamou um amigo e sua filha, que estavam em casa, para ajudá-la. Procuraram levantá-lo, mas também não conseguiram. Puseram-no no pé na cama, sentado. Naquele momento, ele abriu bem os olhos e, olhando para o alto, levantou o braço direito, como em uma entrega. Ela observou aquilo e entendeu: ele estava tendo uma visão do céu e se entregava! Perguntou-lhe mais de uma vez: Amoreco, o que você vê? Sem resposta, de novo, sem resposta. Caiu para trás. Silêncio total. Ele dormiu, e ela cochilou (há meses não tinha uma noite completa de sono. Vigiava-o a noite toda para ver se estava bem). Por volta de 6h30, despertou com um ruído estranho. Chamou-o diversas vezes. Nada. Assustada, ligou para seu filho, que veio com urgência. O amigo da família e a filha também acudiram. Ela só podia pensar: preciso levá-lo ao hospital. O colocaram sobre um tapete e o deslizaram até a escadaria da garagem. Nada. Nada. O filho e a mãe o levaram.

No hospital o levaram para dentro com uma cadeira de rodas e, ao ver o médico de novo (o mesmo do dia anterior), ela lhe disse: Doutor, não consigo mais cuidar dele em casa. Houve uma correria de médicos e enfermeiras, balão de oxigênio, medicação... Vamos colocá-lo no quarto. Assim que lá chegaram, ela assentou ao seu lado e, passados alguns minutos, viu-o dar seu último suspiro. Acabou. Hora? Oito horas da manhã. Quantos dias? Cinquenta e dois dias e um terço de horas. Exatamente como o Senhor lhe mostrara.

A ÚLTIMA HOMENAGEM

Era domingo. Amigos e familiares mais próximos chegaram a tempo. Outros talvez não soubessem ou não tivessem tempo. Não, desta vez não falaria. Pensou em duas amigas, pastoras. Vieram. Momentos de recordar o homem que foi: servo de Deus, amigo, pastor, esposo, pai, sogro, professor... tudo desfilava diante de todos. No peito dela, um buraco. Um vazio. Uma parte sua partia. Mas ela se despediu com um até breve.

DEPOIS DE... MUDANÇA RADICAL

Os dias eram lentos e intermináveis. Um silêncio pesado que era quebrado somente com o choro da nenê, pois sua filha viera passar alguns dias com ela. Consolava, mas não apagava. As cenas pareciam folhas de um coqueiro ao vento: oscilavam em sua mente. A cama vazia lembrava as noites sem dormir.

Olhava ao redor como se procurasse algo que já não estava mais lá. Silêncio. Uma pergunta vinha-lhe à mente: Por que não fui junto? Silêncio. A quietude de Deus. O respeito pela dor.

Não vou ficar em casa. Vou dar minhas aulas, pensou ela. Foi. Seus alunos, amorosamente, a acolheram. Foi um bálsamo ao seu coração. Os filhos, com carinho e zelo de preocupação, estavam ao seu redor.

Mas um fato maravilhoso a aguardava: mais um neto. Desta vez, Davi, filho de seu filho e nora. Que alento! Dias e dias de muita alegria. Trouxe-lhe novo ânimo! E esse estava próximo.

Alguns meses se passaram. Um ano e uma decisão: vou vender esta casa e mudar de vida. Decidiu seguir o propósito que Deus tem para mim. Ela refletiu e agiu.

Mudança radical. Ela precisava disso: um novo lugar. Foi bem acolhida; seus filhos gostaram. Ela se adaptou, deteve-se a buscar a Deus e Sua vontade para ela. Docência? Ainda, lentamente, pois as coisas na universidade mudaram muito.

Servir a Deus com intensidade e prazer. Esse era seu propósito. Desejava deixar as conquistas mútuas com seu esposo e seguir suas próprias escolhas, agora pessoais. Sim, recomeçar.

VIRANDO A PÁGINA, MUDANDO O TOM

O CHAMADO PESSOAL

Muitos passam pela vida sem se preocupar com seu propósito, mas eu não. Gostaria de saber por que estou no mundo e qual foi o meu destino.

Confesso que, quando comecei a andar com Deus, não pensava assim, mas, assim que entendi que cada um de nós foi amado e criado por Deus para cumprir algo, passei a buscá-lo. Mas o Senhor tem Seus caminhos para mostrá-lo. Ah, tem!

Primeiro, não tive saída: tinha que fazer odontologia. Segundo, dar aulas, o que jamais pensara, pelo contrário: seria a última coisa a fazer! Mas o Senhor sabe como "torcer o pepino". Foi tão natural e contínua a caminhada que ingressar no Mestrado foi como caminhar a segunda milha. Um chamado docente. Cruzes!!!

Pensei, vou fazer o meu melhor e quero Deus como meu parceiro. Quem tem parceiro, tem parceria: o Senhor anda comigo e eu falarei de ti por onde eu for. A cada término de uma aula, quero expressar o meu amor por ti e Seu amor pelos meus alunos. Fechado. Deus topou. Descobri o meu propósito. Foi simples assim. Caminhando pelo caminho, encontrei o meu destino.

Confesso que inicialmente me sentia incapaz, mas aprendi algo: sempre haverá alguém que sabe mais do que eu (e posso aprender), mas também sempre haverá quem sabe menos, e posso ensinar.

Sempre fui exigente (meus alunos que o digam!). Não me importo de ensinar, mas gosto de ver que aprenderam. E, afinal, prova é para isso.

O primeiro salto foi em uma disciplina na Escola Federal de Alfenas: Prótese. Meus alunos eram bem mais velhos que eu. Acharam mesmo que eu era uma aluna transferida. O jaleco, misericórdia! Era enorme, comprido e com as mangas dobradas (não me pergunte quantas vezes).

Foi um tempo de grande aprendizado em relacionamentos, diligência, compromisso, treinamento, responsabilidade... Aprendi que podia passar meus limites e que Deus estava comigo.

Concurso público. Posso. Aprendi que me posicionar me garantia um lugar ao sol. Era muito firme com meus alunos. Cobrava muito, mas também dava muito de mim. Também estabeleceu uma boa parceria.

MUDANDO A ROTA

Meados de 1980. Inauguração da UNIMAR – Universidade de Marília. Uma boa proposta: um dia de aula, boa recompensa. Próximo de casa e me dando condições de terminar o doutorado. Éramos quatro docentes. Radiologia e Semiologia eram disciplinas comuns. Não foi fácil. Era a mais nova do Departamento. Já era mestre e havia terminado os créditos do doutorado.

Lembro de algumas situações daquele tempo. Nossas provas eram aos sábados de manhã. Certa vez, após uma prova, saímos no estacionamento e descobri que apenas dois dos meus pneus estavam furados! Fiquei bastante irritada. No entanto, eu estava bem-posicionada e não me deixei intimidar!

Me lembro, de outra ocasião, de pegar um aluno com cola. Estava enroladinha em um palito. Que susto! Diante da turma, fui abrir aquilo e confesso que fiquei de queixo caído: tinha mais de dois metros a tal da cola. Foi motivo de grande risada pela minha expressão!

Tive alunos que entraram em sala de aula bêbados e tive que tirá-los. Outros estavam tão drogados que pareciam (e eu tinha certeza!) que cairiam da cadeira. No entanto, não caíram.

Tenho uma aluna que me pareceu ousada e desapontada. Como assim? Ela era turca (sem preconceito algum, apenas o fato) e tinha uma grande dificuldade de aprendizado. Ficou dependente uma ou duas vezes. Ela me procurou após o término do expediente matutino, com uma caixinha contendo um brinco de pérolas. Ousada, achou que podia me comprar. Não, não pode. Houve desapontamento. No final, deixou o brinco, mas saiu sem esperança alguma. Restou-lhe apenas estudar.

Em um dos anos subsequentes, quando entro em sala de aula, deparo-me com um colega de classe do colegial entrando na sala. Ele me olhou, reconheceu-me e logo perguntou: "Veio fazer odontologia?" Lembro-me de que deu um pulo para trás quando lhe disse que estava ali para dar aulas. Surpresas da docência!

Iniciei como professora assistente do Dr. Leônidas de Freitas, grande radiologista. Foi muito bom e aprendi muito com ele. Depois de dois anos, ele nos deixou, e eu fiquei em seu lugar. Foi um tempo bom. Muito bom.

INICIANDO NA FACULDADE DE ODONTOLOGIA DE LINS

Recebi o recado: precisa-se de professor de Histologia. Não me interessei inicialmente. Queria mesmo estar dentro da minha área, minha formação. Mas também aprendi que Deus tem caminhos mais longos para nos levar ao destino, para nos ensinar a lutar!

Pois, sim! Meu noivo, na época, Osvaldo Benoni, juntamente com meu precioso tio, que o tinha como conselheiro, me incentivaram a iniciar com a Histologia e, posteriormente, conquistar meu espaço. Aceitei. Já havia cursado grande parte dos créditos em histologia. Não me seria difícil. E, de fato, não foi. Mais uma vez, Deus me ensinava sobre relacionamentos, submissão à autoridade e persistência. Assim foi. Minha chefe na disciplina me apoiou até o momento em que divergimos quanto ao conteúdo didático. Houve dificuldades, tivemos longas discussões, mas, no final, conseguimos superar.

Mas meu olhar estava sobre a Semiologia: uma disciplina, recém colocada no currículo, e o professor estava saindo da faculdade. Minha deixa, pensei. E foi. Não foi fácil nem sem luta, pois a visão era de uma disciplina teórica somente, com princípios muito básicos em Semiologia. Eu via ao longe. Queria mais. Queria mesmo mostrar que sabia a que vinha. Petulante. Eu era petulante. Convicta, mas petulante. Naquela época, eram três os professores titulados na faculdade. Eu era "cria da casa", novinha e titulada. Comprei uma indisposição por isso. Muitos queriam entender de Semiologia e nada sabiam. Não escondia de ninguém que não sabiam. Hoje, me lembro e realmente entendo que persegui o caminho mais difícil.

Me lembro que falei com meu diretor acerca de um serviço de triagem. Parecia impossível. Não tínhamos estrutura nenhuma para isso, nem física, nem pessoal. Lembrei-me de fazer um modelo de prontuário e começar a usá-lo, sozinha, na mão. Queria realmente mostrar que facilitaria o trabalho de distribuição de pacientes e que teríamos um banco de dados. Certo dia, cheguei na faculdade e vi, perto da clínica, algo sendo incinerado: meus prontuários. Chorei, chorei muito. Senti-me usurpada em meu tempo, sonho e trabalho. Doeu, doeu muito. Mas o Senhor havia me levado pelo caminho mais longo para me ensinar a lutar. Pois sim, tinha dois joelhos, oração, jejum e um, agora marido, para lutar comigo. Não, não ia desistir. Recomeçar era preciso.

Eu era bem bocuda. Não levava nada para casa. Ah, Senhor, eu teria que aprender! E o método do Senhor é infalível para ensinar! Como dizia meu marido: Deus não dá prova teórica, somente prática. Me indispunha com meu diretor em reuniões. Deflagrar discussões era comigo mesma. Claro, isso gerava indisposição. Mas prevalecer era preciso. Tolice. Precisava enxergar isso. Me sentia perseguida. Também, hoje entendo, chamava a mim a perseguição!

Mas, depois de muitas reuniões, choro, jejuns e orações, o Senhor teve misericórdia e comecei a construir a Semiologia na Faculdade de Odontologia de Lins. Aulas teóricas minuciosas. Me empenhava mesmo. Fui ganhando espaço e respeito. A triagem começou a engatilhar. Contrataram uma assistente social e uma funcionária. Os prontuários deixaram de ser incinerados e eram guardados. Hora de um novo salto. Passara quase uma década. Hora de aulas de clínica. Para que isso? O que importava era a Dentística, Prótese, Cirurgia. Nossa faculdade era famosa pelo ensino e treinamento prático de nossos alunos.

Me lembro de ter entrado em uma clínica, com oitenta alunos, sozinha. Fato nítido em minha memória, pois estava em minha quarta gestação. Marcante.

Maluca. Era maluca. Achava mesmo que tudo que havia aprendido precisava ser ensinado. Ora, faltava uma dose de equilíbrio!

Essa década de 80! Puxa vida. Foi de muitas descobertas e avanços. Tínhamos aulas de laboratório com folga para ensinar! Chegamos a ser em quatro na disciplina de Histologia. Eram 160 alunos, distribuídos em integral e noturno. Maravilha. Tínhamos tempo para conhecer nossos alunos e eles a nós. Entre uma lâmina e outra, conversávamos bastante. Riamos. Trocávamos experiências. Alguns diriam que tudo corria "redondo".

Tínhamos um Diretório Acadêmico muito atuante. Passamos por greves: queriam mudar o diretor. Fomos denunciados. Recebi intimação via cartório. Fazia parte da Comissão de greve. Quantos éramos? Não me lembro mais. Talvez quatro ou cinco. Foram tempos difíceis. Diálogos intensos. Conflitos acirrados. Mas começamos a identificar os corajosos e os influenciáveis. Jogos de interesse. Isso é antigo! Se olharmos, veremos que o homem tem a mesma natureza de outrora.

Mas esse diretório tinha uma visão longa e científica. Lançaram em Conselho a ideia de uma Jornada Acadêmica. Uau! Vinha a calhar! Apresentação de trabalhos científicos, com premiação! Seria um despontar! Ainda! Uma revista da Faculdade de Odontologia de Lins. Os acadêmicos eram posicionados e de briga. Tinham alvo e partiam para cima. Perfeito. A I Jornada Acadêmica da Faculdade de Odontologia de Lins. A Prof.ª Dr.ª Marília Abud de Cabrera foi quem deu o pontapé inicial! Maravilha. A revista, engatinhando, surgia como a ave fênix. Foi história. Uma história maravilhosa. Os alunos começaram a se empenhar em trabalhos de pesquisa. Tímidos, em princípio, mas vitais.

Nosso diretor era um apaixonado pela Faculdade de Odontologia. Cá entre nós: comprei muitas brigas com ele. Algumas eu ganhei, outras perdi. Mas, como diz a música: o importante é que vivi. Lembro quando vagou um docente para Histologia. Ah, o professor não queria, de jeito nenhum, que eu assumisse. Mas eu ganhara um lugar ao sol no conselho e Deus ia à minha frente (embora, muitas vezes, eu O atropelasse!) Perdão, Senhor, Perdão, Professor Nicácio. No fundo, nós dois vencemos, cada um de um jeito. Ah, mas o Senhor não havia se esquecido do meu "processo de aprendizado". Não mesmo.

Eu fazia simpósios (achava mesmo que tinha que ensinar Semiologia de cabo a rabo! Coitados dos meus alunos). Eram algumas semanas de apresentações, no final do curso. Distribuía os grupos e as funções de cada um. Lembro-me de um fato interessante.

Um dos alunos era o simposiarca, responsável pelo grupo, de uma cidade não vizinha, mas não tão longe. Me ligou na hora do almoço dizendo que não viria e deu uma desculpa qualquer. Respondi à altura e coloquei em xeque todo o grupo, pois ele era o responsável. Lembro que, depois, nos tornamos amigos, e ele se lembrava de que ficou tão nervoso que, de imediato, lhe saiu herpes. Resultado? Deu jeito e chegou a tempo!

Recordo-me de outro episódio envolvendo um aluno. Era manhã. Uma prova de Estomatologia seria aplicada. Entramos no anfiteatro e iniciamos a prova. Vinte minutos após, a primeira entrega. Observei e me preparei. Cinco minutos depois, outra entrega. Analisei as respostas. Havia vazamento na prova? Na terceira rodada, olhei para minhas assistentes e exigi: Todos entregando a prova. Agora. Já tinha uma solução em mente: no dia seguinte, haverá uma nova prova para substituir esta. Uma aluna chamou minha atenção. Não era uma aluna para fazer uma prova tão complexa (e geralmente era) em um tempo tão curto e de forma tão brilhante. Havia rumores de vazamento de provas na xerox. Os alunos foram saindo atrás de nós e ouvi, a alguns passos, um deles gritando: Pega ela. Opa! Que afronta é essa? Imediatamente parei, voltei-me e desafiei: Vem me pegar! Ninguém respondeu, nem veio. Claro, meu marido era faixa marrom de caratê, poderia encarar? Mas, em meio a toda essa situação, um aluno, bom aluno, me seguiu e disse que não faria a prova no dia seguinte. Diante de todos, retruquei: — Ok. Não fará mesmo. Vou corrigir sua prova e a nota que tirar, essa permanecerá. Corrigi! Foi um desastre. Naquela noite, não havia aulas. Preparava-me para a confecção de uma nova prova quando tocou a campainha. Ao atender, deparei-me com uma senhora, professora, que pediu para falar comigo. Era a mãe do aluno. Veio pedir clemência, alegando que também era professora. Olhei firmemente para aquela mãe e respondi que não. Que seu filho aprenderia o que é ter palavra e honra. Ela não gostou. Nem eu, creio que nem ele também. No dia seguinte, nova prova. Vigiei o xerox. Tempo e prova regular, entrega regular. Tudo certo. O aluno não apareceu. O resultado foi que sua nota foi bastante baixa (não escolheu?). Ficou de exame. Era um bom aluno. Passou. Tornou-se meu amigo!

Ensinava com paixão e despojamento. Era exigente. Como era! Mas tinha uma convicção: meus alunos saberão diferenciar uma lesão. Podiam não saber diagnosticar, mas aprenderiam a discernir entre uma atitude e uma ação necessárias de outro profissional. Bons tempos, bons alunos. Até hoje tenho notícias deles e resultados deste ensino!

Mas algo acontecia com frequência: tudo que meus alunos sentiam ou aparecia em sua saúde, batiam em casa. Não importava a hora (não tinham bom senso, isso é verdade). Às vezes zero hora e tocava a campainha. Outras vezes, uma hora da manhã. Outras, almoçando ou jantando. Literalmente, a hora em que lhes dava na cabeça. Meu marido, incomodado com isso, me sugeriu:

— Amoreco, monta um consultório. Aí terá limites e pode atender muito mais que alunos.

— Verdade — pensei.

Orei e lá fui eu montar um consultório com uma amiga: trabalhava comigo na faculdade. Foi muito bom, boas experiências. Vingou! Mantenho o consultório até hoje. Quando me perguntam se trato de dentes, logo acrescento a resposta: Não, só lido com lesões de boca. Foi um longo caminho, uma longa construção até adquirir o respeito de médicos e colegas profissionais. Os ex-alunos garantiam o sucesso! Enviaram, ao longo desses anos, muitos pacientes de Lins e região. Hoje temos WhatsApp e consultas online também chegam. Ex-alunos.

Com o passar dos anos, trabalhamos com quatro docentes na Semiologia. Depois, passou a ser chamada de Estomatologia (o conceito mudou e tornou-se mais abrangente: doenças da cabeça e pescoço, mas também doenças sistêmicas com envolvimento oral — a atual Medicina Bucal). Tínhamos muitos pacientes e um bom tempo de atendimento. Os pacientes vinham de toda a região. Pronto. Estabelecida a Estomatologia. Lugar ao céu!

Recordo-me de experiências marcantes nesta época. Tinha um grupo de docentes que atuava no atendimento dos Sem Terra, em Promissão. Realizavam um trabalho admirável. Um dia, atenderam muitos pacientes e realizaram extrações. No dia seguinte, em clínica, recebi um paciente que viera de lá. Ele segurava uma toalha, cheia de sangue, procurando ajuda. Imediatamente, comecei a atendê-lo. Ao abrir a boca, não consegui identificar qual dente fora avulsionado, devido à hemorragia intensa. Ponderei, fiz uma rápida anamnese e solicitei um hemograma completo e imediato. A hipótese diagnóstica era leucemia aguda. Uma das docentes que me acompanhava ficou pálida ao ver o caso, e precisei retirá-la do local. Ela se lembrava nitidamente da perda de seu pai pela mesma doença, o que a abalou profundamente. O paciente saiu e imediatamente acionei uma ambulância para levá-lo à cidade de Marília, onde deveria ser atendido e socorrido com urgência. O paciente retornou rapidamente e o resultado do exame foi positivo, indicando alterações celulares compatíveis com leucemia. Ele foi informado de que uma ambulância o aguardava para levá-lo a Marília, mas recusou veementemente, desejando voltar para casa. Não consegui convencê-lo, pois provavelmente sabia da gravidade de seu quadro e queria se despedir de seus filhos. Ele só falava deles. Quantos anos tinha? Aproximadamente 40 anos.

Preocupada, liberei-o para ir para casa, ciente de que não retornaria, pois o tempo para tratamento seria insuficiente. Infelizmente, ele faleceu poucas horas depois, esvaído em sangue. No dia seguinte, a notícia chegou, perturbadora.

Recordo de uma paciente hipocondríaca: desejava ter diabetes de qualquer forma. Precisava remover uma lesão banal. Realizamos todo o exame clínico, e ela "incorporou" os sintomas da diabetes. Na dúvida, solicitamos a glicemia e o teste de tolerância à glicose. Nada. Tudo negativo. Naquela época, não existia a hemoglobina glicada; isso teria facilitado o diagnóstico. Enfim, foi realizada a cirurgia, tudo correu bem. E ela partiu, convicta, em sua mente, de que tinha diabetes mellitus. Cada caso, cada um! Muitas histórias, algumas engraçadas, outras nem tanto, e algumas com finais insólitos.

Foi montado o laboratório de Patologia: Dr. Celso Martinelli era o responsável. Trabalhos de pesquisa, relato de casos. Uma delícia. Diagnósticos rápidos.

CONCURSO PARA TEMPO INTEGRAL

No ano de 2000, a faculdade já tinha sido incorporada pela Universidade Metodista de Piracicaba – UNIMEP, desde meados de 1996.

Era um novo descortinar, com plano de carreira docente, informatização e formação científica para nossos alunos. Porém, era necessário ter docentes em tempo integral. Justo. Concurso público. Fizemos a inscrição. Eram seis docentes. Prova de títulos, entrevista, aula. Tudo certo. Banca estabelecida. Fizemos a prova e o resultado nos pareceu bastante estranho. De fato, era. Foi anulada. Segunda vez. Mesmos inscritos. Nova prova. Lembro-me da minha aula. Sobre exames complementares em Estomatologia. Era uma aula de ponta, bem atualizada. Lembro que um membro da banca ainda me perguntou se eu teria coragem de solicitar esses exames e, mesmo assim, citá-los aos meus alunos. Claro que sim, foi minha resposta. Sempre gostei de desafios. Passamos, os seis. Formávamos uma equipe muito coesa na pesquisa. Tínhamos os grupos de pesquisa e trabalhávamos bastante. Tínhamos alunos bolsistas.

Tempos bons aqueles, com idas e vindas a Piracicaba. Relatórios e mais relatórios. Vi coisas certas e erradas que não concordei. Posicionei-me, ora me senti perseguida, ora honrada. Vida acadêmica! Os Comitês de Ética tinham sido recém-instituídos nas universidades. Participei da Comissão de Pesquisa na Universidade. Aprendi muito, em todos os sentidos. Era um novo tempo e uma nova visão, cheia de sonhos.

Em 1998, por sugestão do Dr. Celso Martinelli, envolvi-me nas campanhas de prevenção do câncer bucal. Saíamos em um verdadeiro "bando de alunos": desejávamos que eles tivessem experiências no atendimento ao público, recrutamento, ensino dos fatores de risco e prevenção das lesões precursoras. Na cidade de Lins, por três dias, realizamos muitos atendimentos. Fazíamos coleta de células por meio da citologia esfoliativa, ensinávamos e colhíamos os frutos. Desde então, realizamos essa atividade anualmente, expandindo para cidades vizinhas com o apoio das Secretarias de Saúde: Pirajuí, Guarantã, Sabino, Guaiçara. Passávamos o dia realizando os atendimentos. Recebíamos muito carinho. Utilizávamos um ônibus, levando o trailer da faculdade, e trabalhávamos com muita alegria e disposição. Os alunos tinham sede de aprender, e eu, de ensinar. Essa atividade se estendeu até a época da pandemia. Na década de 2010-2020, concentramos nossas ações em Guaiçara.

Me lembro que os casos de câncer eram raros. Talvez um ou dois casos, no máximo, durante o ano. Não se falava em Papilomavírus, como se fala e vê hoje. Lembro que queria sensibilizar meus alunos com o atendimento a pacientes oncológicos. Qual a melhor proposta? Levá-los a conhecer o Hospital Amaral Carvalho. Viam crianças carequinhas largadas no leito, outras que andavam pela enfermaria com frascos pendurados no braço. Pacientes mutilados pelas cirurgias. Um pronto-socorro absurdo com tantos pacientes. Todos pálidos, muito pálidos. Um lampejo de misericórdia surgia nos olhares. Voltei no tempo. Lembrei-me de quando coletava dados no Hospital Lauro de Souza Lima, de hansenianos. Qual o nível de carência de um olhar, um sorriso, um toque? O amor de Deus precisava fluir de cada um de nós. Perceberam? Espero.

Nossa equipe era maravilhosa. Trabalhávamos em uníssono. Umas pelas outras. Todas envolvidas. Empenho e dedicação.

Vamos tentar outra linha de pesquisa. Educação e atendimento a crianças carentes de um bairro próximo à faculdade. Preparado todo o material, íamos, semanalmente, de casa em casa, levantando os dados socioeconômicos, de saúde, alimentação, conhecimento de higiene e carências. Aprendemos a verificar o peso e a massa muscular com um grupo da nutrição. Vamos aplicar. Mediamos, pesávamos, ensinávamos escovação dentária, higiene. Um banco de dados fantástico. Projeto de Extensão Universitária. Ensinando e praticando uma odontologia preventiva e ensinando... Alunos comprometidos! Maravilhoso! Vimos crianças passarem seus dias sem seus pais, encerradas em casa e aos cuidados de outros irmãos com sete, oito anos. Avós com netos que tinham um pé de limão para fazer um suco quando seus netos tinham fome. Quintais sujos. Falta de cuidados com animais domésticos. Limpeza da casa. Não, vamos intervir! Vassoura na mão, palavras na boca. Levantamos escovas de dentes e pasta dentária para distribuição (Não tinham leite, iam comprar escova e pasta de dente?). Famílias com seis ou sete membros utilizavam uma única escova de dentes. Levantamos o que se alimentavam. Impressionante. Alguns diziam Danone, bolachas ou outras guloseimas. Nos perguntávamos: como? Resposta? Estavam surgindo os mercadinhos de um real. Compravam isso a baixo custo! Era uma maneira de seus filhos terem algo diferente. Nos deparamos com mulheres prostitutas, cujos filhos permaneciam em suas casas, em serviço. Crianças abandonadas pelas mães e que viviam pelo bairro, correndo ou aprontando alguma. Outras com seus cachorrinhos a acompanhá-las. De vez em quando, ouvíamos uns gritos e crianças saíam correndo. Pais desempregados, outros bebendo no boteco infame da esquina. Pareciam não se importar com nada. Vimos muita coisa. Registros na memória. Para sempre. Dores. Vidas marcadas, pequenas e grandes...

Nossas jornadas adquiriram um novo sabor. Agora, tínhamos pesquisas e resultados. Bom para apresentar, bom para debater. Premiação. Uau! Queríamos chegar lá. Primeiro, segundo, terceiro lugares. Treinava meus alunos para rebater qualquer pergunta da banca. Os demais também, passivos ou não!

Recebi a proposta de orientar a primeira tese de mestrado de uma das docentes que trabalhava comigo. Enviada por Deus para estar comigo. Aliás, cada uma delas, quer na Histologia, quer na Estomatologia, foi escolhida a dedo pelo próprio Deus! Fazíamos atendimento estomatológico e prevenção do câncer bucal no Movimento Sem Terra de Promissão. Uma pergunta, uma curiosidade: as lesões bucais produzidas pelo estresse emocional estavam tão presentes! Precisávamos de uma resposta. Veio em forma da tese de mestrado e de um trabalho de pesquisa para nossos alunos. Bolsistas. Trabalho duro e cuidadoso. Estresse? Precisamos de uma psicóloga no grupo! Conseguimos! Avaliar o melhor questionário a ser utilizado, bem como os resultados finais. Havia outros trabalhos de pesquisa, regulares, que orientava, também com os Sem Terra. Dentro da linha do estresse e lesões bucais, nas lesões precursoras do câncer bucal. Mas o estresse e doenças como a depressão passaram a ter uma linha de pesquisa, no grupo de pesquisa que eu liderava. Trabalhamos com crianças escolares, adolescentes, jovens do ensino médio, universitários. A xerostomia também nos preocupava em pacientes especiais. Nova linha de pesquisa; pacientes idosos saudáveis, com diabetes mellitus e outro grupo de pacientes com diabetes mellitus e hipertensão. Buscando parcerias e fazendo o que podíamos com a pesquisa, visto que os alunos tinham bolsa, mas não tínhamos recursos materiais para isso. Íamos superando as dificuldades e ajudando-nos uns aos outros.

Clínica de Estomatologia. Certo dia, quando uma mãe veio para ser avaliada, olhou para a filha, jovem mãe de 32 anos de idade, com uma filhinha de oito meses nos braços, e disse: filha, por que não mostra o que tem em sua boca e que você reclama que arde? A filha (que já estava ali mesmo!) se propôs a fazê-lo. Pois bem, tinha uma lesão em metade do dorso da língua. Jovem demais para algo mais grave. Dolorosa. Utilizei o rastreamento com azul de toluidina (havia instituído como marcador há um ano ou mais). Rastreada a lesão, parti para uma biópsia. Sugeriu líquen plano? Possivelmente. Resultado da biópsia: carcinoma espinocelular de língua. Confesso meu espanto: fora da faixa etária comumente comprometida, não fumava, não bebia. Hospital Amaral Carvalho. Fui acompanhando o caso. Removi pontos da cirurgia feita lá. Rastreava e monitorava a paciente a cada três meses. Envolvi-me emocionalmente com seu caso! Procurei razões para tal aparecimento: sem antecedentes familiares de câncer, nada de hábitos nocivos. Perscrutando e analisando (e orando, claro!) descobri que ela tinha sido abandonada pelo marido com a criança recém-nascida e que não o perdoava por isso. Foi uma longa conversa sobre o amor de Deus e de como fomos perdoados em Cristo Jesus. Citei muitos exemplos das consequências da falta de perdão. Amei aquela vida preciosa e tão ferida. Orei com ela. Estávamos em uma sala à parte: ela, eu e o Espírito Santo. Ministrei naquela vida o poder do perdão. Chorou muito. Pergunta final: Você quer perdoar seu marido ou morrer com essa amargura no coração? A resposta veio lentamente, mas com convicção: quero perdoar. Isso! Isso mesmo. O Senhor fez! Oramos juntas e ela liberou o perdão ao ex-marido. Deus tinha planos para ela. Não podia anulá-los! Isso faz 21 anos. Ela vive. Fez mais de 20 cirurgias, radioterapia e quimioterapia. Não queria perder a língua, mas aconteceu em uma das últimas cirurgias. Continuou a buscar a Deus e foi sustentada pela fé ao longo de todos esses anos. Não tem a língua (tenho isso fotografado!), mas canta e prega a palavra como se a tivesse. Quem diria?

Houve um outro caso que me marcou em toda a trajetória de atendimento a pacientes na universidade. Uma senhora me procurou por estar portando dor intensa na região de maxila direita, com uma zona de gatilho. Fatal: neuralgia do trigêmeo. Mediquei, remediquei, fiz tudo que tinha ao meu alcance. Ela me procurava quase que semanalmente. Já estava constrangida pois não tinha mais o que fazer por ela. Já havia feito teste com anestésico e toda a medicação resultara em nada. Uma aluna tinha um namorado médico em Campinas que fazia aplicação de álcool etílico para neuralgia. Opa. Vamos tentar. Marcamos, ele, gentilmente veio. Aplicou. Esperança. Nada, nada. Estava pronta para dispensar definitivamente aquela mulher. Em uma última sessão, pensei, vou conversar se há algo mais a fazer. Só me restava o lado espiritual a avaliar. Pois bem. Vamos orar. Assim que comecei a orar com ela, o Espírito Santo disse: Por que não cantas mais para mim? Eras um passarinho diante da minha presença e emudecestes. Pranto. Ela caiu em um pranto de soluçar. Eu esperando o resultado daquilo. Quando se acalmou, me contou uma triste história. Servia a Deus em uma igreja, cantava ao Senhor e tinha grande prazer nisso. Certa ocasião, veio, não sei de onde, um pregador e lhe deram lugar para pregar. Aquele homem, inflamado pelo inferno, apontou-lhe o dedo e a acusou de adultério. Mentira deslavada. Todos se entreolharam e olharam para ela. Acuada. Desonrada. Muda. Sabia que aquilo não procedia, mas quem acreditaria nela? Um "homem de Deus" o havia dito. Resultado: sem coral. Silêncio da boca e do coração. Uma dor profunda de injustiça e mentira, da qual não tinha como se defender. Dois anos se passaram desde aquele tempo. Mas, no ano seguinte, uma notícia escandalosa chegou à igreja: o tal "pastor" foi pego em adultério. Essa era a história. Agora, a solução: de novo ministrando o perdão. Ela pediu perdão ao Senhor por ter emudecido e não confiado no Senhor, e tomou a decisão de perdoar o dito pastor. Saiu leve. Não me procurou mais. Passados uns dois meses, fui, com meu esposo, a um evento evangelístico no estádio de nossa cidade. Dá licença, dá licença, lá fomos nós passando entre as pernas daqueles que já estavam assentados. De repente, ouço um Dr.ª Nancy. Parei e olhei para cima. Duas fileiras acima, a paciente de outrora. Cumprimentei e perguntei: tudo bem, você sumiu? Ela falou: Dr.ª, fui curada. Aquele dia, Jesus me curou. Perfeito. Jesus faz mesmo! A Ele toda a glória.

Certo dia, subindo a escadaria para dar aulas apressadamente, deparei-me, no meio da escada, com uma senhora que tinha uma Dental, loja que vende materiais odontológicos, no mesmo prédio. Muito querida, ela me disse: Nancy, olhe para o meu pé. Olhei para baixo e vi uma ferida no dorso do seu pé. Ela me disse: Isso não cicatriza há semanas. Não tive dúvidas: tirei meu sapato direito, coloquei o pé sobre a ferida e ordenei: "Seja curada, em nome de Jesus". Subi para minha aula. Dois dias depois, encontrei-a novamente, agora perto da escada. Perguntei como ela estava. Ela simplesmente respondeu: "Fechou". A ferida fechou! O nome é Poderoso. O nome de Jesus!

Em outra ocasião, fiz um balanço dos dependentes de minhas disciplinas. Achei absurdo. Ao todo, eram cerca de 130 alunos. Fiquei surpresa. É certo que ministrava diversas disciplinas, mas aquilo me incomodou bastante. Orei pedindo orientação a Deus. Convidei-os a se reunirem no anfiteatro da faculdade. A estratégia que o Pai me deu foi: pregar-lhes o perdão e a salvação em Cristo Jesus e orar pelas palavras de maldição que os aprisionavam. Juntei-me com uma das minhas professoras assistentes, serva do Senhor, e lá fomos. Preguei o evangelho da salvação (tínhamos toda liberdade para isso, enquanto escola confessional!). Fiz um apelo para quem quisesse aceitar. Muitos vieram. Talvez cerca de oitenta. Dispensei os demais, com toda a liberdade. Aos que ficaram, começamos, eu e a outra professora, a ministrar, anulando as maldições de pais, professores, autoridades, avós, ministros do evangelho, próprias palavras de maldição. Eles foram ministrados. O resultado? Sim! O desempenho e a superação desses alunos foram impressionantes! Mais uma vez, Deus esteve presente na ação!

Certa feita, estava saindo ao final da tarde e entrando em meu carro no estacionamento (só dava eu!), quando um aluno chegou correndo, ofegante, e gritou: Professora, precisamos de você. Parei para ouvi-lo e segui-lo. Um amigo dele tinha uma ideia suicida naquele instante e procurava um jeito de tirar sua própria vida. Lembro-me de que, da porta, gritei e repreendi a ação maligna sobre ele. Ele se acalmou. Ministrei a Palavra de salvação, e Jesus entrou em sua vida. Vitória do Senhor Jesus.

Um aluno precioso veio de uma cidade não muito distante daqui. Desde o início, nos entendemos, e houve entre nós mais que uma conexão; foi um amor vindo do Pai. Jovem, com 20 anos de idade, entrou na sala de aula. Quando me apresentei, ele se identificou pelo mesmo Senhor em nossas vidas. Conversamos ali e em outras ocasiões. Ele, filho único, de pais que não serviam a Deus, mas muito amorosos com ele, sempre demonstrando o amor de Deus em seu coração. Tinha uma namorada que também servia ao Senhor. Após um mês e meio ou dois de aulas, aconteceu o inesperado: ele sofreu um infarto fulminante e faleceu. Não pude comparecer ao velório nem estar com seus pais. Senti muito. Contudo, a professora que trabalhava comigo, serva do Senhor, foi. Como resultado, os pais vieram a conhecer a presença do Senhor. Infelizmente, foi a dor que os alcançou.

Outro aluno. Formando, a poucos dias da colação. Que alvoroço é esse? O que é isso? Fulano foi preso por droga. Fiquei impactada. Não era um aluno que chamasse a atenção ou tivesse um comportamento duvidoso. Pensei imediatamente nos pais e na frustração da formatura. Tentei diversas vezes vê-lo na penitenciária, mas não consegui. Juntamos, eu e uma amiga cristã, diversos livros para enviar-lhe. Melhor que isso, ela os levou. Trouxe-lhe a palavra de salvação e esperança. Aceitou prontamente. Cumpriu seu tempo. Perdeu aquela formatura, mas conseguiu depois seu diploma. Fez um voto a Deus de que daria, voluntariamente, o seu ganho de um dia, para o Senhor. Até onde sei, manteve-se fiel. E seus pais? Desviados da presença do Senhor, se prostraram aos Seus pés. Reencontro difícil, mas necessário. Seus pais renderam-se a Cristo.

Eram 22h30 ou mais um pouco. Reuníamos em casa de um de nossos alunos (hoje médico!). Servia a Deus e abriu sua casa para nossas reuniões semanais da Aliança Bíblica Universitária. Alguns alunos? Não! Eram em torno de 80 os que se reuniam ali semanalmente. Ali se rendiam a Cristo, eram batizados no Espírito Santo, curados, acolhidos e amados. Um pastor metodista nos apoiava nisso e, amorosamente estava conosco e vivenciava conosco estes momentos! Pastor Carlindo! Que amor e que ternura! Isso os levava para a escola dominical nos domingos e os enchia com alegria e paz.

Tive também muitos encontros com minhas professoras assistentes. Deus as escolhia e as enviava a mim. Todas conheceram a Cristo através de nossa convivência. Todas servem a Deus, e formamos uma família e uma cesta cheia de frutos do amor de Deus por nós, por nossos alunos e por nossos pacientes! A Ele toda a glória.

Outros, que não poderia imaginar...

Pois tinha um livreiro que, uma vez por mês, montava uma bancada para expor livros para venda. Isso era comum (lia-se muito mais que hoje!). Só sabia seu primeiro nome. Ele simpatizava comigo e eu gostava dele. Dávamos um dedo de prosa quando podíamos. Ela, vez ou outra, me presenteava com um livro didático na minha área. Sinal de simpatia e afeto. Onde ele montava sua bancada? Do lado de fora da minha sala de aulas. Tudo, afinal, que acontecia lá dentro, ouvia de fora! Imagino quantas aulas deve ter ouvido! Mas também ouvia quando a aula estava para se encerrar e eu trazia a palavra de Deus, um testemunho, uma experiência, eventualmente até ouvia uma oração. Depois, o tempo de expor passou e, por anos, deixei de vê-lo. Mas, nas últimas conversas que tivemos, lhe fiz um convite. Ele morava em uma cidade vizinha e lhe falei de uma reunião que tínhamos aqui e que tinha lá também: a Associação dos Homens de Negócios do Evangelho Pleno, a ADHONEP. Convite feito e guardado. Anos se passaram. Três, cinco ou mais anos se passaram e fui tomar uma água junto à sala dos professores. De repente, escuto: Dr.ª É a senhora mesmo que queria encontrar. Me virei e lá estava o livreiro. Que alegria! Perdido por aqui? Não. Encontrado. Sim, ele fora encontrado por Deus através de uma das reuniões da ADHONEP. Me contou um pouco de seu passado e como se sentia atraído por minha presença quando ouvia minhas aulas e pregações! Mas também, como tinha certeza absoluta de que eu era uma maluca. Um confronto de sentimentos, mas a Verdade o venceu! De uma vida dissoluta e de adultérios, o Senhor o resgatou para a vida eterna. Mérito completo do Altíssimo.

Uma professora que iniciou seu trabalho na faculdade! Sim, nos encontrávamos sempre na sala dos professores. Foi amor à primeira vista. Eu diria, cordas de amor. Tínhamos visões espirituais totalmente diferentes, mas todas as vezes que nos víamos, falava-lhe do amor de Cristo, de Sua palavra. Era incansável: quando a via, parecia-me necessário compartilhar com ela coisas da minha vida e da Palavra de Deus. Costumo dizer-lhe, hoje, que lhe falava de Gênesis a Apocalipse! Longas conversas e um amor fraternal nos uniam e aproximavam. Aos poucos, sua resistência foi sendo quebrada e ela teve uma experiência marcante em seu outro emprego, em outra universidade. De repente, viu-se despedida, sem que se justificasse o ato. Lembro-me de que ela me procurou no laboratório de Histologia (ela estaria dando aulas no laboratório ao lado) e pediu uma oração. Também me lembro de ter dito a ela que escolhesse quem iria orar por ela — estávamos em três e as três serviam ao Senhor. Ela me escolheu. Propósito de Deus! Orei com ela e o Senhor lhe disse que seria restaurada em sua função com brevidade. Ao término, ela me olhou, meio incrédula, achando mesmo isso impossível. À noite, no mesmo dia, chegando de uma de nossas reuniões da ADHONEP, deparei-me com ela ligando para mim diversas vezes. O que aconteceu? Deus a restituirá em seu cargo. O trabalhar de Deus em seu coração. Grandes coisas fez o Senhor, e caminhamos juntas até hoje, em Cristo Jesus.

Outra querida e amada professora assistente, irmã. Hoje, ela é pastora. Deus a tirou do mundo do ocultismo, quando servia a demônios, para, com toda a sua família, servir a Deus.

O Senhor trouxe outra de São Paulo para colocá-la em meu colo. Veja que interessante os caminhos de Deus! Estávamos reformando nossa casa, meu marido e eu. E estava orando por uma assistente na faculdade. Há uma meia quadra da minha casa, um terreno foi comprado e iniciaram uma construção. Saindo com um casal de amigos e andando por ali, perguntei se não queriam ver a construção (amo uma construção até hoje!). Sim, disseram. Entramos, pois não existiam portas ainda, e propus: vamos orar por quem vai morar aqui? Nos pusemos a orar pelos futuros moradores para que ali fossem abençoados, que viessem a servir ao Senhor e fossem muito prósperos em todos os aspectos de suas vidas. O Senhor tecendo a colcha de retalhos! Pois sim, era a minha amiga, a minha assistente, que Deus enviaria para morar ali.

Outra foi tirada por Deus da idolatria, com experiências magníficas com o Senhor. Outra creu e foi batizada com o Espírito Santo no dia do meu aniversário. Outra no carro. Outra na imposição de mãos. Meu marido e eu servíamos a Deus de todo o nosso coração e semeamos em muitas vidas a Palavra de Deus.

Alunos! Sempre que precisavam, me encontravam (até hoje encontram)! Seja por terem um caso que requeria uma opinião específica, seja diante de uma doença, de uma má notícia, de uma ajuda ou de uma palavra.

Alguns casos o Senhor me traz à mente. Uma ex-aluna, moradora na Europa. Câncer de mama. Professora, socorro. O que faria?

Outra, morando em uma ilha na América Central, me encontra no Messenger e diz, de modo abrupto e intenso, que um tornado iria passar pela ilha e, se acontecesse, a destruiria por completo. O noticiário anunciava que seria naquela tarde. E ela me encontrou. Imediatamente, comecei a orar e a clamar pela misericórdia do Senhor, além de repreender todo o mal. Quanto tempo orei? Não sei dizer, mas sei que o Senhor ouviu o meu clamor e o dela, e desviou o tornado.

Casos de leucemia, câncer de alguém da família. Me encontraram. Me encontram. Casos de separação de casais, doenças de filhos, mortes de familiares... fatos que requerem uma oração... eis-me aqui.

GLÓRIA E DECEPÇÃO

Não, não me lembro do ano, mas lembro do fato. Éramos onze professores no Conselho da Faculdade. Precisávamos de inscrição de dois docentes para o cargo de coordenador de curso. Inscrevi-me. Ouvi muitas coisas. Fiquei triste. Tinha muitos amigos e contava com o apoio deles. Percebi, por muitas conversas e olhares nos corredores, que pareciam de intimidação. Será? Alguns abertamente faziam planos com minhas disciplinas e já se indicavam para algumas. Outros não falavam nada.

Dia da votação. Tive três votos. Mas eu tinha muito mais amigos do que esse número! Pois sim. Pensei que tinha.

Em 2006, a universidade enfrentava uma grande crise, especialmente no curso de odontologia. Muitas escolas foram criadas na região, o que resultou na diminuição da demanda pelo curso. Poucos alunos prestaram vestibular. A situação econômica também estava se agravando. Nós nos empenhamos na divulgação do vestibular na região.

Lembro-me de que era início de dezembro e eu tinha a última prova semestral agendada para as 13h. Por volta das 11h da manhã, meu marido recebeu um telefonema de uma das professoras de tempo integral:

— Benoni, abra seu e-mail, e Nancy também. Nós fomos demitidos e nossos e-mails serão cancelados até o final do mês.

Meu marido, assustado, abriu seu e-mail: nota seca e sem justificativas: Está demitido. Ele me chamou. Quando me aproximei do computador, o Espírito Santo de Deus me disse: Permiti que te tocassem também. Não era preciso saber o resultado, o Senhor já me havia informado. Tínhamos três filhos, dois na universidade e a terceira prestando vestibular no próximo ano. Engoli em seco e nos preparamos para não contar nada a nossos filhos nem à minha mãe, idosa, que morava conosco. Mas, confesso, não consegui conter as lágrimas. Era como se todos os anos de dedicação fossem nada e nós, meramente, um número. Ouvi que os alunos discutiram com o diretor no estacionamento. Uma confusão que parecia mais um eco distante, mais para espectador do que para participante. Coloquei óculos escuros e fui para a faculdade. Olhos inchados e a mente em turbilhão. Tudo parecia silencioso, ou eu me sentia ausente. Quando subi a escada, deparei-me com a turma na frente da sala de aulas, eles gritavam: Nancy, Nancy. Golpe fatal em meio a tantas emoções. Despenquei. Eles me disseram:

— Professora, não podem ter feito isso contigo. Vamos falar com o diretor. Vamos te defender.

E começaram a me dizer palavras que lhes tinha ensinado ao final das aulas, de encorajamento e fé. Fiquei surpresa com o retorno. Como haviam absorvido cada palavra? Acalmei-os e disse-lhes que aguardaria em Deus. Suspendi a prova, recebi muitos abraços carinhosos, lágrimas que se juntaram às minhas...

Mas Deus, havia dias, vinha me falando em particular com um texto de Daniel (parecia mesmo só ter esse texto para ler todos os dias, há uma semana). Era sobre levantar doze reis; um caía, e outro, que tinha um chifre menor, poderoso, se levantava. Ele levantaria guerra contra o povo de Deus e prevalecia, mas o Senhor levantaria seu tribunal. Quantos faziam parte do conselho? Onze. Estávamos ouvindo falar sobre cortes nos TIs (tempos integrais), mas sabíamos que alguém se movimentava contra nós. Essa passagem estava tão viva dentro de mim que meu marido e eu ficamos posicionados e confiantes de que o Senhor nos defenderia.

Sete dias após, estávamos do mesmo jeito; alguns dos TIs já desacreditavam, mas três de nós confiávamos no Pai. Recebi uma sugestão para participar de um culto no período da tarde. Era uma sexta-feira. Convidei outra professora, também TI, para ir comigo.

Não conhecíamos ninguém lá. Uma missionária nos deu uma palavra e, em seguida, dirigiu-se a mim com toda autoridade, dizendo:

— O Senhor te diz que o vento está contrário a ti, mas aquele que se levantou contra ti cairá, e o Senhor restaurará sua posição.

Fiquei impactada e sabia que aquela palavra vinha do meu Deus. O Senhor também trouxe palavras de ânimo e alento para a outra professora. Ao término, meu celular tocava muito, e saí incomodada. Mas que insistência! Era meu esposo. Atendi e já fui logo resmungando que ele sabia onde eu estava! Mas ele só conseguia me dizer:

— Amoreco, amoreco, ganhamos. Vamos ser restituídos às nossas funções. Deus é fiel! Fez isso. Deus agiu de seu tribunal de justiça.

Realmente, Deus estava tratando comigo. Que tempo foi esse? Lembro de uma crise. Uma crise difícil na UNIMEP. Dois fatos marcantes.

O primeiro ponto é que fui indicada pelo nosso diretor para desenvolver um projeto múltiplo voltado à prevenção e ao atendimento de diversos pacientes, envolvendo uma equipe multidisciplinar. Nós, os TIs, participamos ativamente. Dediquei quatro meses à elaboração do projeto, fundamentado na literatura de forma sólida. Houve a participação específica de profissionais de diferentes áreas, incluindo prevenção permanente de câncer bucal, odontopediatria, Odontologia Social e Periodontia. A apresentação do projeto ocorreu no Conselho de Curso, com muitas páginas, propostas e distribuição de tarefas entre os alunos, tudo muito bem fundamentado. No momento da apresentação, não consegui falar, pois fui surpreendida ao ouvir que eu teria feito o projeto por interesse próprio. Foi uma situação desagradável. Diante de todos, juntei os documentos, planos e o retirei da pauta. Me lembrei que aquilo tinha sido solicitado, pedi licença, fui ao banheiro e chorei, liberando minhas emoções. Depois, limpei o rosto, retornei à reunião e guardei o material na gaveta, sem mais revisitar o assunto. Tentei compreender a atuação de Deus em minha vida, acreditando que há uma resposta para tudo. Esperava em Deus por esse momento.

Novos tempos. Outra eleição para coordenador de curso. Inscrição e indicação do Conselho. Fui indicada com outro professor. Tinha que ser feito um plano de trabalho. Fiz. Esmerado. Base do plano de trabalho: pesquisa científica. Sonhava em fazer e viver, com nossos alunos, um novo mundo, na realidade, um novo amanhecer. Levei para aprovação. Agora só restava esperar a decisão da Reitoria. Não aprende nunca? Ainda sonha? Sim, coisas de universidade. Outra decepção. O outro não tinha nem um plano de trabalho. Nomeado. Alguém diria: coisas de universidade. Aí aprendi os livramentos de Deus!

Crise que se alonga. Sem perspectivas. Reunião de Conselho (sempre fez parte do Conselho? Sempre!) Nosso diretor na época estava cabisbaixo, sem esperança nenhuma. As últimas cartadas já tinham sido lançadas. Ele se dirigiu a todos perguntando o que cada um entendia ou achava que podia ser feito. Uma, outra, e mais outra opinião. Evasivas. Sabíamos que não tínhamos mais nada a fazer senão esperar o veredicto final. Eu era das últimas a opinar. Observava. Ouvi. Ponderava e me perguntava: Senhor, o que fazer? Ouvi claramente o Senhor me dizer, ora. Sim. Quando chegou minha vez, me sentindo impotente, mas confiando em um Deus Todo-Poderoso, me posicionei: Só posso falar o que sei fazer. Só digo para orarmos. Humildemente, meu diretor disse então: ora. Tendo entendimento de sua autoridade sobre nós, disse-lhe que precisava que concordasse com a oração. Sem dúvida nenhuma, ele me perguntou: o que tenho que fazer? Disse-lhe: Concorde com minha oração, diga amém. Os demais também o fizeram. Foi um momento sublime onde, uníssonos, ligamos na terra para que fosse ligado no céu. Deus teve misericórdia e nos respondeu.

Chegamos mesmo a pensar que acabaria nosso curso de Odontologia. O Curso de Turismo e Nutrição já tinha se encerrado. Nada a esperar. Todo o empenho, gastos com laboratórios e cozinha experimental foram fantásticos e pareciam ter desaparecido como uma enxurrada. Fizemos bons amigos e boas parcerias. Isso permaneceu.

ALTOS E BAIXOS

Enfrentamos muitas crises. Em um dos cortes nos tempos integrais, somente eu e nosso diretor permanecemos (será que porque eu era editora da Revista da Faculdade de Odontologia de Lins? Há quem diga que sim). Prefiro entender que Deus estava no comando de minha vida e me poupou.

Paralelo a isso, em 2008 vivi uma experiência de glória. Foi a época da aposentadoria do meu marido por invalidez, pois ele teve um problema nos olhos e, desde o ano 2000, lutava com dentes e lupas — literalmente, ambas as coisas. Ele amava dar aulas, seu destino, seu propósito. Cheguei a cogitar me aposentar também, pois ambos havíamos estudado Teologia e pensávamos em um chamado ministerial com a igreja. Lembro-me de que, quando fui falar com meu diretor, ele foi franco e direto: você se aposenta, mas eu não te demito. Fiquei surpresa, e ainda mais quando, em uma formatura, pediu encarecidamente ao meu marido que eu permanecesse na faculdade. Foi uma voz de Deus para mim. Sim, permaneci. Nos decepcionamos muito com a igreja humana, não com o Pai. Passamos por grandes dificuldades, e maiores ainda teriam sido se não fosse a palavra do meu diretor. Bendito seja ele.

Mas teve mais. Ano difícil na escola e em casa. Minha mãe estava acamada há um ano. Era uma pérola de valor inestimável. Tivera três acidentes vasculho-encefálicos, recuperou-se de dois, mas agora permanecia acamada. Precisava de cuidados e atenção. Muitas vezes precisei sair correndo para assisti-la com médicos, enfermeira e cuidadora. Meu diretor, muito bondoso e presente, sempre me deu todo apoio para isso. Ela faleceu em 20 de novembro de 2008. Doce lembrança. Muita saudade. Grande legado. Enfrentamos meses sem salário, depois salários parciais. Houve dificuldades com os alunos. O curso diurno e noturno passou a ser somente noturno.

Parecia mesmo uma nuvem negra sobre nossa Universidade (ou era?). Os anos foram arrastados, sim, arrastados. Com poucos alunos, cortes de professores. Aprendemos a lidar pessoalmente com as turmas. Dependiam disso e nós também. As demissões eram muitas. De setenta docentes, passamos a dezoito. Professores magníficos estiveram conosco nesse tempo que antecedeu os cortes: vindos de fora, ex-alunos que tinham mestrado e doutorado. Foi um tempo áureo. Tivemos uma melhora na demanda. Outras contratações ocorreram e, assim, eles chegaram. Fizeram a diferença? Sim, fizeram. Minhas amigas, assistentes maravilhosas, já tinham ido. Confesso que me senti só. Já não tínhamos disposição e ânimo para a pesquisa. Parcerias eram importantes.

Fiquei anos como editora da Revista da Faculdade de Odontologia de Lins. Inicialmente, fui consultora e depois editora. Anos de lutas para manter o nome e a periodicidade (nem sempre possível!). Pois bem, de repente, anos mais tarde, fui removida do cargo, a revista foi encerrada e nem deixaram rastros disso *online*. Até os arquivos foram retirados. Onde foram parar? No esquecimento, mas não no coração.

Quando foi a grande ideia? Não me lembro, de novo, lembro-me do fato. A Universidade Metodista de Piracicaba pleiteava um curso de Medicina. Foram diversas tentativas. Não tiveram sucesso. Então, que tal abrir o curso de Odontologia em Piracicaba? Opa! Sentimo-nos traídos, absolutamente traídos, na nossa história e trajetória. Fantasma? Queriam nos roubar de todo o fôlego de vida e tudo que construímos? Se era uma saída para não acabar o curso em Lins e transferi-lo para Piracicaba, não sabemos (mas Deus sabe). Joelhos no chão, jejum e oração. Os preparativos começaram: laboratórios muito bons (enquanto os nossos nem mesmo eram reparados!). Aquilo nos doía (só Deus sabe!). Reuniões às quais fomos obrigados a comparecer, afinal, precisariam de um corpo docente titulado e experiente! Não, não nos alegrávamos com isso nem tampouco apoiávamos tal iniciativa. Conversas mil. Fofocas? Ainda mais. Final da história: MEC não aprovou. Mantínhamos nossa história com dificuldades e com o que restava de infraestrutura!

Saltando no tempo. Em 2018, estava de férias na casa de minha filha, quando recebi um telefonema do meu diretor. Vão demitir todos os funcionários em tempo integral e você os avise, pois vão propor horas-aula a todos, em um novo contrato. Foi um susto. Avisei os demais. Ponderei com meu esposo, encerrar de vez minha vida acadêmica. Seriamente cogitei. Porém, havia um diagnóstico que pairava sobre nós: meu marido estava com câncer avançado e em tratamento extremamente caro. Não, não era hora de parar. Mais um passo, só mais um. A sala do tempo integral? Fechei com tudo dentro. Só ficou a saudade e as memórias. Foi bom: teve começo, meio e fim.

Agora, horista. De um salário significativo a um terço dele. Mas eu tinha um alvo e uma maneira de ensinar: farei o melhor que puder, mesmo nestas condições. Dei o meu melhor. Meu coração era enternecido pelos meus alunos e seus pais, que confiaram a nós seu ensino e formação. Ora, muitos eram filhos de ex-alunos! Como decepcioná-los?

Campanhas de prevenção do câncer bucal eram realizadas uma vez ao ano. O apoio era imparcial e sempre fiel da Secretaria Municipal de Saúde de Guaiçara.

A PANDEMIA

Não, não dá para esquecer. Jamais. Aulas, muitas aulas *online*. Mas também soube definir bem os alunos interessados e os não interessados. Amei, sabia? Sentia falta da presença e da comunhão com eles, mas me dediquei, de todo coração, para ensinar da melhor forma. Foram prejudicados? Com certeza. Professora e nossas aulas práticas de laboratório e clínica? De laboratório, conseguia dar um jeito, mas de clínica... teria que esperar. Lembro-me de que tinha a disciplina, entre as outras, de Medicina Bucal. Amava ministrar esse conteúdo. Promovia grandes discussões de casos clínicos (muitos do meu próprio consultório). Ávidos de aprender e beber dessas águas! Muitos encheram-me de alegria e eram de grande motivação ao meu coração para os ensinar. Provas? Caos. O bom e o ruim se misturavam. WhatsApp circulava atrás das telas. O ruim saiu em vantagem, mas o bom... era sempre identificado!

A reposição de clínicas. Misericórdia. Os pacientes, em virtude do covid-19, desapareceram, e os que retornaram foram mínimos. O número de aulas de clínica foi reduzido, e os pacientes estavam ausentes. Traziam pais, familiares e pessoas corajosas. Quem encontravam, eram bem-vindos. Senti muito o prejuízo! Com certeza, eles também.

Formaturas foram adiadas e muitos, ao receberem seu diploma de graduação, já tinham concluído cursos de especialização e aperfeiçoamento. O glamour das formaturas, invejadas em toda a região, deu lugar a festas modestas e mais reclusas, mas, nem por isso, menos emocionantes. Era o momento, de uma forma ou de outra, de comemorar a vitória dos filhos e pais. A festa era da família.

O tempo de pandemia trouxe, no patrimônio físico da faculdade, um grande desgaste e falta de manutenção (ou começou bem antes e não queríamos ver? É bem provável). Um processo de degradação de clínicas, laboratórios, teto de vidro. Pombas. Sim, pombas começaram a ocupar lugares que não eram delas. Os laboratórios, anfiteatros agora estavam cheios de portões e paredes (não mais paredes, e sim grades). Os jardins, nem sombra deles: tudo cimentado. Seria o mesmo lugar? Buscava nas memórias os tempos de êxtase, beleza e convivência. Quanto tempo fazia? Nos perdemos na divagação!

Nosso diretor, cabisbaixo, lutava com toda a sua força e coragem (sempre admirei sua coragem e valor! Alma de lutador ferrenho!) para não deixar as portas da Faculdade de Odontologia de Lins se fecharem. Conseguiu até onde pôde. O vi passar por problemas de saúde, cirurgia e estresse. Mas a ele, nosso muito obrigado. Permanecemos e ele é um vencedor.

A PERDA

Ainda era época da pandemia, mas ela declinava. As máscaras e vacinas também.

Em outubro de 2021, enfrentei minha terceira grande perda. Meu amor, que era um grande motivador na minha carreira, partiu para a eternidade. Antes que isso acontecesse, passei por momentos difíceis e contei com o apoio de muitos amigos pessoais, professores e ex-professores que nos amaram. Novamente, meu diretor foi impecável: muitas vezes estive ausente, e ele compreendeu e compensou minha ausência. Sua secretária, amada e preciosa, me apoiou com amor e respeito. Sou muito grata a todos que me acolheram e que me amaram, assim como a ele.

Confesso que fui perdendo o gosto. Não que deixasse de me dedicar, mas tudo parecia sombrio agora. Meu consultório e aulas precisavam ser algumas das minhas motivações. Ora, eu também tinha uma neta. Precisava focar nisso. Encerro ou não minha carreira? Ainda não, dizia-me o Espírito Santo.

Era junho de 2023. Notícias muito sérias começaram a circular na imprensa e nos e-mails de nossos alunos: a Faculdade de Odontologia de Lins iria fechar suas portas definitivamente. Os alunos deveriam buscar suas transferências, os professores seriam dispensados e as portas fechadas. O impacto foi tão grande que movimentos foram iniciados: na cidade, com a câmara de vereadores tentando resgatar a história, com ex-alunos, com o reitor e a direção da Universidade Metodista de Piracicaba. Sabe aquele som de uma serra e talvez de um corte de árvore? Foi como ouvirmos a notícia. A universidade estava em declínio, devendo muito e sem recursos para manter seu patrimônio. O campus de Santa Bárbara, maravilhoso pelo ensino e natureza, foi sumariamente fechado e os professores dispensados. Processos estavam em andamento. O campus de Taquaral, já distante de sua pompa e glamour, estava destruído, sem jardins bonitos ou salas de aula dignas. Laboratórios vazios, carteiras nos corredores. Da glória à inglória. Assim, tudo parecia estar indo por água abaixo. E o campus de Lins? Com o mato crescendo, às vezes sem água, às vezes sem energia, salas de aula com infiltrações de água e alagamentos. O silêncio ecoava a cada voz que se erguia. Um eco distante, que ficava cada vez mais longe. A alegria de risos nos corredores de nossos alunos, onde estava? As conversas nos corredores silenciaram: agora, chegavam em cima da hora (senão atrasados) e já entravam para as salas de aula. Algumas estavam fechadas? Sim, várias. A biblioteca agora exalava cheiro de mofo. Quem quer estudar lá com a internet e o Google em casa? Não, deixou de ter atrativos. Parecíamos mais espectadores do que artistas.

Muitos alunos solicitaram transferências para outras faculdades na região, receosos de não concluírem o curso. Guerreiros permaneceram. E nós também. Houve várias tentativas de acordos e ajustes. No final, o veredicto foi: não realizaremos mais vestibulares e encerraremos até a última turma cursante. Onde? Essa pergunta permanecia no ar.

A situação na infraestrutura da Faculdade era bastante crítica, levando à intervenção da vigilância sanitária, que embargou o prédio. Apesar dos esforços do diretor, a falta de verbas e o atraso nos pagamentos agravaram a situação. Como solução, foi firmado um acordo com o proprietário da Associação Odontológica de Lins, permitindo que a Faculdade de Odontologia de Lins utilizasse suas salas de aula, laboratórios e clínicas a partir de 2023. Este período representou uma trégua temporária. No entanto, cortes de funcionários e professores ocorreram devido à redução do número de turmas e do espaço físico disponível. A cada final de ano, a quantidade de turmas diminui, refletindo o impacto da crise financeira e estrutural na instituição.

ASSOCIAÇÃO DA FACULDADE DE ODONTOLOGIA DE LINS

Um desejo profundo de não deixar morrer a história de nossa faculdade pontuava o coração de professores mais antigos e mais novos (muitos ex-alunos). Um movimento então foi levantado por um professor, Dr. Nicácio Garcia Hernandes, para contactar ex-alunos e alunos, a fim de criar uma associação que mantivesse o nome e a relevância que foi a Faculdade de Odontologia de Lins, na cidade, estado e país. Ela foi a primeira escola particular de Odontologia no estado. Alunos de todo o país e de fora dele manifestaram-se a favor, e um grande movimento tomou forma para o resgate da memória e do museu, que, por um tempo significativo, ocupou o espaço da clínica redonda, antiga clínica da faculdade. Tudo havia sido tombado anos antes pelo Reverendo Jairo Nunes da Silva, incluindo placas de homenagens, fotos antigas e materiais doados por ex-alunos. Um acervo considerável. Isso não poderia ser esquecido, e não foi.

Em 5/3/2024, foi criada a Associação da Faculdade de Odontologia de Lins, tendo como presidente a Dr.ª Daniela Peron Berbert, com diretoria e conselho, contando com a participação de ex-alunos, professores e ex-professores. Agora, a associação possui uma sede no Museu da Faculdade de Odontologia de Lins, localizada no prédio central da cidade, o Cenourão, buscando reviver as alegrias proporcionadas e a qualidade do ensino.

Como em todas as conquistas, há lutas; aqui também não foi diferente. Mas valeu a pena. Temos história. Temos memória.

A expectativa está no ar. Como assim? Ainda esperamos o renascer da Faculdade de Odontologia de Lins em outra universidade sediada aqui. Acreditamos nisso e esperamos.

TURMA 91

Seria ela a última? Não. De novo, ainda não. Mas por que essa turma?

Em 2021, quando me despedi de meu marido para a eternidade, essa turma me marcou. Dias após, (não sei quantos), entrei em sala de aula e fui acolhida com uma flor e um carinhoso cartão. Desabei. Respirei fundo e contei a história de como tinha sido. Falei do que antecedeu, do que aconteceu e do resultado. Detalhes. Sim, com detalhes. Sempre lhes trouxe uma palavra no final da aula, mas desta vez... tinha que ser diferente: iniciei com ela. Muitos se emocionaram e sei que seus corações foram marcados, o meu de um jeito, o deles de outro, mas foram marcados. Talvez nunca tivessem convivido tão de perto com alguém que acompanharam, na dor e no desfecho. Familiares, bem possível. Professores, talvez...

Tinha com alguns alunos um laço de amor mais próximo, de carinho, de mãe para filho, ou melhor, de mãe para filha. Ao longo dos anos, eles foram construídos e sedimentados no respeito, na ética, no ensino e na vida...

Pois, sim, foi a formatura desta turma. Não, eu não era homenageada, nem nome de turma, nem patronesse, nem paraninfa. Mas queria estar presente. Sim, queria mesmo. Ato de gratidão.

Fui, sem expectativas, sem interesse, apenas para dar um abraço e olhar nos olhos daqueles que me foram tão queridos e acolhedores. Fiquei surpresa ao ser indicada pela pastoral da universidade para lhes dar uma palavra. Fiz isso com amor.

Abraços, olhos nos olhos, desejo abençoá-los, vê-los crescer e dar frutos. Fiquei emocionada. Muito. Talvez como poucas vezes em que fui paraninfa, patronesse, nome de turma ou simplesmente homenageada.

Teria sido a última, ou teria mais alguma?

FINALIZANDO...

Creio no chamado, creio no cumprimento dele.

Creio que Deus me plantou onde queria para que florescesse ali.

De tudo posso dizer: semeei, colhi, amei e fui amada.

Fiz o melhor, dei meu melhor (Deus o sabe!).

Tive laços feitos por Deus e laços desfeitos também por Ele.

Sonhei, vivi e o Senhor me deu vitória.

Hoje tenho vívida em minha alma e mente as alegrias, as dores de uma construção que levou anos e anos, mas espero deixar um legado não somente para este tempo, mas também para a vida eterna. O legado do conhecimento pode ser superado por novos conhecimentos, mas os de vida, somente com experiência.

Posso dizer como Lucas no livro de Hebreus 12:1,2:

"Portanto, visto que nós também fomos rodeados de tão grande nuvem de testemunhas, deixemos todo embaraço, e o pecado que tão de perto nos rodeia, e corramos com perseverança a carreira que nos está proposta, olhando firmemente para Jesus, autor e consumador da nossa fé, o qual pelo gozo que lhe estava proposto, suportou a cruz, desprezando a ignomínia, e está assentado à direita do trono de Deus."

E Paulo, falando a Timóteo, seu discípulo, em II Timóteo 4:7:

"Combati o bom combate, acabei a carreira e guardei a fé."